Historias de Mujeres

Carla D'Arco

*Antes de que inicies esta lectura, te doy la bienvenida a mi mundo de pasiones invitándote a descargar mi poemario gratuito **"Cuando la vida es un poema".***

*En él encontraras 15 poemas en los cuales te obsequio al amor en diferentes maneras: **pasión, erotismo, dolor...***

Un pequeño e-Book para disfrutar en soledad, compartir con alguien que despierte tu deseo ardiente, o desterrar de tu corazón a quien en algún momento te hirió.

*Descárgalo en el enlace: **bit.ly/Poemario1***

Desde allí también podrás ingresar a mi comunidad donde encontrarás más de mis obras, promociones y obsequios.

Derechos de autor y aviso legal

Tabla de Contenidos

DEDICATORIA

Este libro está dedicado a las mujeres más importantes de mi vida:

Mis mamás Paula y Amanda (quienes ya están con Dios).

Mi abuela Dora.

Mis tías Lilia y Haidée.

Mis primas (no las nombro porque son muchas).

Y mis amigas, hermanas y comadres:

Luisa Adela y María Matilde.

CAPÍTULO 1
EL SUEÑO DE MARCELA

En una tarde fría del invierno de Buenos Aires. Marcela mira por la ventana a la gente que pasa muy abrigada y caminando rápido para tomar un taxi o hasta la estación del tren más cercana para ir a trabajar. Ella hace mucho tiempo que no trabaja, pero se viste para ir a la panadería a buscar el desayuno de su familia.

Su esposo, Sergio, se mira al espejo para afeitarse. Él está desnudo, pero Marcela ni lo mira. Después de veinticinco años de matrimonio se han acostumbrado de tal manera el uno al otro, y ya se han ofendido e irrespetado tanto que ahora sólo se limitan a intercambiar pocas palabras acerca de las cuentas de los bancos o de la vida de sus hijos.

Sergio ya ni pregunta a dónde va su esposa porque siempre es lo mismo: a la panadería a comprar o prepara algún desayuno en casa para todos. En la mesa nadie conversa porque Sergio lee el periódico mientras come, ya que en la oficina no le da tiempo. Marcelo, el hijo, habla por el celular con su noviecita para compartir con ella antes de buscarla para irse juntos a la universidad. Silvia, la hija, escucha música en su IPod y observa cómo le salen las arrugas a su mamá, mientras que su papá está cada día más guapo con esas canitas a los lados de la sien.

De vez en cuando Marcela se queja de que esa familia se ha convertido en cuatro islas separadas incapaces de unirse en un mismo lugar y al mismo momento para comunicarse. Y es que a la hora del almuerzo ya no hay oportunidad de sentarse juntos porque Sergio es un alto ejecutivo de una fábrica y todos los mediodías hay clientes con quienes almorzar.

Marcelo está a punto de graduarse, la tesis lo tiene hundido de pies y cabeza en la universidad y los pocos ratos libres que tiene, se los dedica a la novia. Por su parte Silvia no quiso estudiar más para dedicarse a hacer cursos de canto y actuación, la pasión de su vida.

Cuando todos se van, Marcela se dedica a la limpieza y al orden de cada rincón de su casa para luego preparar el almuerzo que nadie come, sólo ella y su hija quien de vez en cuando la acompaña cuando no tiene ensayos o presentaciones.

En la tarde ya Marcela no tiene nada que hacer y se sienta a viajar por el mundo a través de su computadora, cada día visita un país diferente y lo recorre de norte a sur, de este a oeste, buscando un destino especial a donde poder darle rienda suelta a todo lo que lleva por dentro y no puede hacer realidad porque está atada y presa a un hogar que unas monjas crearon para ella cuando estudiaba en el convento.

Marcela quería dedicarse a Dios y era feliz en el convento, pero como Sergio pasaba por allá a venderles telas a las monjas y le puso el ojo encima, un día decidió hablar con la Hermana Superiora para investigar acerca de la posibilidad de casarse con ella.

Sergio era un hombre muy apuesto, además de millonario, a quien le llovían las mujeres, pero él sólo las usaba y las disfrutaba sin hacerles caso alguno y mucho menos comprometerse, ya que la mujer de su vida estaba en el convento y él quería hacerla su esposa.

La Hermana Superiora no dudó en ningún momento en aceptar su propuesta y habló con Marcela, quien cada vez que Sergio llegaba, se ofrecía muy amablemente a recibir las telas que él con mucha simpatía le entregaba. Sergio tenía empleados de sobra para esta tarea, pero le gustaba ir al convento a hacerlo personalmente, con la excusa de que su compañía era "atendida por sus propios dueños".

La hermana Rosa, la Superiora, se daba cuenta de la actitud de los dos y al contrario de tratar de cortar esta relación, se hacía la desentendida y dejaba que ellos libremente coquetearan el uno con el otro porque si este matrimonio se daba, seguramente el millonario ayudaría a las monjitas con sus obras de caridad.

Así fue como Marcela recibió las visitas formales de su novio el millonario, bajo la mirada de una decena de monjitas que los acompañaba en sus tertulias, para que no tuvieran la oportunidad ni de darse un beso.

Después de dos años de noviazgo en el convento, Marcela salió vestida de novia: alta, hermosa, elegante a los brazos de su millonario Sergio. Una gran ceremonia se llevó a cabo en la Catedral de Buenos Aires auspiciada por el Obispo Jorge Bergoglio.

Esa boda fue la sensación del año y hasta la reseñaron en los periódicos como: *"La nueva novicia rebelde y su millonario"* o *"El vendedor de telas que raptó a la novicia"*. Pero la verdad fue que la novicia quedó cautivada con su vendedor de telas y se casó pensando que sería inmensamente feliz para toda la vida.

Y ahí está Marcela frente a la computadora paseando por las Islas Galápagos y disfrutando de sus bellos paisajes y la diversidad de su fauna. Muy lejos quedó la fiesta del matrimonio y el recuerdo de su noche de bodas, cuando Sergio se escondió en el closet para darle una sorpresa mientras ella se cambiaba en el baño, pero la sorpresa se la llevó él porque era tal el nerviosismo de Marcela, virgen aun, que al abrir la puerta del closet y ver a su esposo escondido le dio un susto tan grande que se desmayó y Sergio tuvo que correr con ella al hospital más cercano al hotel.

Ahora Marcela abre la página de un lindo hotel en Suiza y decide darse una segunda Luna de Miel con su esposo a ver si así los dos se acercan un poco y reavivan la llama de esa pasión que poco a poco se ha extinguido entre ellos. Pero es en vano, se van de viaje a un bello y lujoso hotel donde Sergio no pierde la oportunidad de escaparse al menor descuido de ella para buscar a escondidas un teléfono y llamar a Buenos Aires.

Después de dos horas de desaparición, él le inventa un cuento que ni él mismo se cree para justificar su ausencia tan prolongada. Marcela sospecha que, durante algunos años, Sergio ha tenido amantes, pero lo menos que se imagina es que no sólo ha sido una, sino varias y una de ellas con un hijo incluido.

Marcela se siente feliz de volver a su casa para ver a sus hijos después de quince días de amargura; esta luna de miel fue tan mala o peor que la primera. Al menos antes ella estaba enamorada, hubo mucho sexo y no había escapadas.

Volver a la rutina hace sentir segura a Marcela, pero esta vez tiene algo en mente para descobrarse de los desplantes que su esposo le hizo en el viaje.

CAPÍTULO 2
EL CYBER AMOR

Gracias a Silvia, Marcela sabe que a través de la internet hay manera de conocer hombres y eso es lo que ella quiere, tener una aventura. Así, un día, en vez de recorrer el mundo entra al *"Latin Chat"* y consigue hablar con un descendiente de españoles, de Miami.

Él es casado como Marcela y al igual que ella, está aburrido de su matrimonio y necesita un escape para no separarse de su esposa. Además, él quiere continuar con ella porque está cómodo y acostumbrado a ese largo matrimonio y a una esposa que lo atiende. Cada tarde, Marcela en Buenos Aires, y su cyber novio en Miami, conversan por horas; así poco a poco se van conociendo y creando un mundo aparte y especial que llena sus vidas de nuevos sentimientos e ilusiones.

Los dos hablan de sus matrimonios fracasados, de sus hijos, de sus familias, pero a medida que pasa el tiempo y se conocen más, estos temas van quedando a un lado para entrar de lleno en ellos dos solamente. Después de seis meses, Marcela inventa un viaje de placer con su mejor amiga, Barbarita, quien está enterada de todos los pormenores de su *"affaire"* por la internet, y decide apoyarla en su locura de amor cibernético.

Barbarita no comprende como dos personas pueden sentir que se quieren y se adoran a través de una fría máquina, pero Marcela le explica que la computadora es sólo un instrumento de comunicación como puede ser un teléfono o una carta. Los que están delante de esa fría máquina son dos seres humanos que sienten y padecen.

-Es una nueva era, amiga. Otra manera de relacionarse, traspasando fronteras, cruzando mares y escalando montañas; eso es lo maravilloso de la internet, no tienes que moverte de tu silla para viajar y acercarte a otras personas que están lejos de ti.

-La verdad es que tengo mucha curiosidad de saber cómo puedes llevar una relación por la internet- pregunta Inés.

-Es igual a como si fuese en persona- responde Marcela -con la gran diferencia de que sólo podemos conversar. Eso es muy bueno porque al hacerlo creamos unas bases de comunicación muy importantes. Y no sólo eso, yo le he mandado a Gilbert fotos de mis pies, mis manos y hasta se los dibujé en un papel para que viera de qué tamaños son.

Además, puse unas gotas de mi perfume en un algodón, hasta un poquito de mi desodorante y de la crema que me echo en el cuerpo y así desarrollé cada idea que me vino a la cabeza de cómo hacerle conocer cada parte de mí.

-Eres una loca muy creativa- comenta Noelia.

-Pero eso no es nada- continúa Marcela - cuando me tocó cortarme el cabello le mandé un mechón; si me cortaba las uñas también se las enviaba y hasta nos intercambiamos los vellos del pubis.

-Jajajajaja- se ríen todas a la vez.

- ¿Y ustedes como que no tenían nada importante que hacer? Cómo se nota que no trabajas, amiga- agrega Nancy.

- Fíjate que para él era muy importante saber todo de mí -aclara Marcela- Además de esas cosas tan espirituales, me dedicaba a grabarle

CD's con música de mi país y también de la que me gusta en inglés, salsa o merengue. Y creo que por todas esas cosas que hemos hecho, sentimos que estamos muy cerca a pesar de la distancia. Te cuento que hasta algo súper loco hicimos. En medido de toda esta historia, él me decía que siempre tenía ganas de hacer el amor porque la abnegada esposa buscaba cualquier pretexto para no hacer nada. Si no le dolía la cabeza, tenía el período o si discutían en la mañana se lo recordaba en el momento que él quería tener sexo y esa era otra excusa más.

Así que lo que nos inventamos fue hacer el amor por teléfono.

- ¿¡Qué!?- exclama Barbarita.

- ¿Y tengo que explicarlo? - pregunta Marcela.

- ¡Claro! – responde Barbarita- No me vas a dejar con la duda de cómo se hace eso porque lo único que se me ocurre pensar es que usaste el auricular como si fuese el pene del hombre.

-Jajajajaja- se ríe Marcela -No, chica. ¿Cómo se te ocurre? Eso es simplemente masturbarse en compañía y a larga distancia. Nosotros comenzábamos a hablar de lo que nos provocaba hacer cuando nos viéramos, decíamos dónde queríamos tocarnos, besarnos y así nos excitábamos y acabábamos. Mejor dicho, aún lo hacemos y hasta tres veces por semana.

-Pero qué pérdida mijita, con tanto hombre necesitando por ahí y tú haciendo el amor por teléfono- reclama María Graciela.

-Bueno amiga- responde Marcela- es verdad que eso es mucho mejor *"person to person"*, pero en las circunstancias en que nosotros vivimos este

13

noviazgo, encontramos esa alternativa y así es como podemos desahogar esa necesidad fisiológica.

- ¿Tú crees que haciendo eso, el hombre te es fiel? Digo, que no lo hace con alguien más aparte de la esposa- pregunta Inés.

- ¿Sabes algo? – interviene Marcela otra vez -No es que yo pongo mis manos al fuego para poder asegurarte que él es fiel, pero hasta ahora, después de seis meses a través de la internet, nosotros pasamos al menos cuatro horas pegados de la computadora y hablando muchas cosas. Conociéndonos. Tal vez hasta inventándonos un futuro y a esta edad no estamos para jugar. ¿No te parece?

A lo mejor tú que estás fuera de esta relación crees que esto es una fantasía entre los dos, pero para nosotros quienes nos dormimos con la ilusión de despertarnos y encontrarnos en la PC y vernos en la camarita, no es mentira ni es un juego. Esto es simplemente un nuevo estilo de noviazgo que aún no se entiende porque es algo extraño, una manera diferente de relacionarse, que, aunque ahora se ve como ficticia, a medida que pase el tiempo será cada vez más normal y aceptada por la sociedad.

-La verdad es que yo no cambio el calor de un cuerpo por una computadora- le comenta Patricia, quien hasta ahora había permanecido en silencio la historia de Marcela.

-Ni yo tampoco, pero como ya dije, esto es circunstancial. Ya llegará el momento en que nuestra relación pase a otro nivel y seamos una pareja tradicional. Además, de esta manera somos famosos porque para el día de los enamorados antes de conocernos, nos hicieron una entrevista y ahí tenemos un lindo recuerdo en una revista. También los jueves hay un programa donde yo participo en la radio y Gilbert lo escucha a través de la internet. Yo soy un personaje fijo de ese espacio y tengo como seudónimo la "Cyberenamorada".

A veces pensamos que es una lástima no habernos conocimos antes para tener un hijo que disfrute de todos los e-mails, las cartas, las fotos y hasta los videos que nos hemos tomado, precisamente para conocernos.

-Definitivamente no puedo entenderlo, pero si tú eres feliz así y te diviertes, está bien. Yo no tengo por qué juzgarte sino apoyarte. Para eso soy tu amiga. Ojalá algún día tengas el coraje de dejar este matrimonio que es sólo una apariencia y te decidieras a ser feliz de verdad.

-Gracias, mi Paty, por tu apoyo, a pesar de que sé que no comprendes mucho lo que me está sucediendo.

Vamos a ver qué sucede, nunca sabemos las vueltas que da la vida. Gilbert está casado y dice que no va a dejar a su esposa, pero al menos quiero verlo en persona para tener una experiencia con otro hombre. Eso es el principio de algo, ¿no?

CAPÍTULO 3

EL ENCUENTRO CON EL AMOR

Después de una noche de insomnio, Marcela se prepara para viajar con Barbarita y está nerviosa pero muy emocionada de que hoy va a conocer a su cyber novio, Gilbert. Él por su parte le dio a su esposa la excusa de que tenía que viajar por negocios y ya está en el aeropuerto, esperando por Marcela. Gilbert es americano, pero sus padres españoles, por eso habla español a la perfección y pudo comunicarse con Marcela; además le fascinan las mujeres latinas y por eso acceso al *"Latin Chat"* para conseguirse, según él, una menos fría que el hielo gringo que vive en su casa.

Después de seis meses de comunicación, Marcela y Gilbert se conocen por fotos y se han visto ya por la camarita de la computadora, así que al verse en el aeropuerto no hay duda de que al instante se reconocen perfectamente.

Él es 5 centímetros más alto que Marcela, de ojos azules y cabello totalmente blanco. Está bien conservado, a pesar de sus 60 años, pero tiene algo de barriguita porque le fascina la cerveza. Por su parte, Marcela hace las mil y una dietas para mantenerse en los 65 kilos, pero por su piel tan blanca, luce unas cuantas arruguitas alrededor de los ojos, unas venas muy visibles en sus piernas y la piel un poco reseca.

Pero al verse en el aeropuerto, Gilbert y Marcela no piensan en su físico sino en todas esas cosas que han conversado durante seis meses, y en esas ganas que tienen de darse un gran abrazo y un profundo beso para saludarse. Así lo hacen delante de Barbarita y todos en el aeropuerto; se

16

saludan como si fuesen pareja y al verse parece que se conocen de toda la vida. Barbarita se siente extrañada por la relación de ellos dos, y peor aún, cuando Gilbert la abraza como si a ella también la conoce, como si también fuese "su gran amiga". Ella se ríe y le responde el abrazo, aunque con menos euforia que él.

Gilbert las lleva en su carro y se van directo a comer costillitas en Tony Roma's, el restaurant preferido de Marcela. Ahí conversan, se ríen, se acuerdan de la reacción de Barbarita cuando su amiga le habló acerca del cyber noviazgo y de lo extraño que eso le pareció. Pero ahí están los tres, y Marcela y Gilbert deseando quedarse solos de una vez para hacer realidad todas esas cosas que hablaban por la internet.

Al terminar de almorzar, se van al hotel donde Gilbert apartó una habitación para su amiga y otra para ellos dos. Sin esperar a hacer la digestión de lo mucho que comieron, entran en la habitación, se desvisten como dos adolescentes desesperados y dan rienda suelta a su pasión. Marcela se siente muy extrañada de entregarse a otro hombre que no es su marido, mientras que Gilbert disfruta del hacer realidad su sueño de hacer el amor con una mujer latina por primera vez.

Es una explosión total de sentimientos y sensaciones; hacen todo lo que nunca se atrevieron a hacer con sus respectivas parejas, se desinhiben de todo tabú y disfrutan al máximo de un corto pero maravilloso fin de semana, sólo saliendo a comer y regresando a la habitación del hotel para pasar interminables horas haciendo el amor, mientras Barbarita hace de las suyas visitando y comprando todo lo que hay en los centros comerciales cercanos al hotel.

-No puedo creer que estemos aquí y que le fui infiel a mi marido- Se ríe Marcela –Jajajajaja.

-No es momento de nombrar a nadie, mi amor. Esto es sólo para los dos y estoy demasiado feliz.

-Yo también mi rey, parece que de toda la vida te conozco. Siento que siempre hicimos el amor, que tu cuerpo es perfecto para mí.

- ¿Ahora qué vamos a hacer con todo esto? - Pregunta Gilbert.

-Ya hablamos antes de venir. Mañana nos despedimos y no hay más nada que hacer. Esos eran los planes, ¿no?

-Sí, pero no sé si voy a ser capaz de dejarte ahora y de estar sin ti.

-Pero tendrá que ser, Gilbert. Ya son demasiados los años que llevamos casados y aunque ahora siento que después de esto no voy a querer ni mirar más nunca a nadie que no seas tú, la vida continúa.

-Tienes razón.

A Gilbert se le salen las lágrimas y sigue hablando.

-La vida continúa, como tú dices, y dejar nuestros matrimonios después de tantos años sería una locura. ¿Cómo podríamos explicar o justificar lo que nos ha sucedido?

-Es verdad. Cómo a la edad que tenemos vamos a decirles a nuestros hijos que nos enamoramos de alguien por internet y que nos vamos de la casa. ¿En qué cabeza cabe que esto que sucedió es real y que soy extremadamente feliz?

-Somos felices, Marcela de mi vida. Somos extremadamente felices.

En el aeropuerto, la despedida es el capítulo final de una telenovela que sólo duró seis meses y termina con lágrimas y suspiros. La hora de irse al aeropuerto llega: se suben los tres en el auto, escuchan música, y en todo momento, mientras maneja, Gilbert le acaricia las manos a Marcela y a través de ellas quiere entrar en su cuerpo para así no volver a separarse más. Viviendo tan lejos y siendo los dos casados, no hay muchas esperanzas de volver a verse a pesar de que sus corazones están a punto de estallar de dolor por esta despedida.

Gilbert lleva el equipaje de Marcela y los tres caminan y conversan. Marcela no quiere que las acompañe hasta el final. Van hacia una escalera mecánica por donde tiene que bajar y ahí se dan los besos más tristes y profundos.

Gilbert le dice un "Good bye" que suena a despedida eterna, sin esperanzas ni ilusiones. Marcela pasa sus manos por el cabello de Gilbert, por su espalda, le vuelve a besar la boca, las mejillas, la frente, le mira a los ojos y le dice:

-Ojalá pudiera hacerte ahora mismo el amor y morir en este instante para no sentir el dolor de esta despedida tan triste.

Barbarita se despide de Gilbert y le dice al oído:

-Cálmate gringuito que ustedes están demasiado enamorados. Yo no creo que esto se acabe aquí.

-No lo sé, amiga, no lo sé. Por favor cuida mucho a Marcela.

Así las dos amigas se abrazan y bajan juntas por las escaleras mientras Gilbert las observa hasta que se pierden de su vista.

Ya en el avión, Marcela le cuenta a Barbarita, quien con ansias y curiosidad escucha todos los pormenores de esos dos días de "fuego" que su amiga vivió con su enamorado de la internet.

-Fue demasiado bello, amiga- le dice Marcela a Barbarita llorando- Él es perfecto. Me trató con tanto amor, con tanta delicadeza. Me sentí como si hubiese sido mi primera vez. No se cómo voy a soportar regresar a mi casa y verle de nuevo la cara a Sergio.

-Pues se la verás con la frente muy en alto y tendrás que decidir qué vas a hacer con tus dos hombres.

CAPÍTULO 4

HOGAR, DULCE HOGAR

Después de este encuentro, Gilbert regresa a su casa con el alma y el corazón llenos de un profundo dolor. Saluda a su esposa como si recién se vieron y se deja caer en la cama. Lo que pasa en el resto del día Gilbert no lo recuerda.

Por su parte al llegar a su casa, Marcela saluda a Sergio con un beso lanzado al aire y una palmadita en el hombro, abraza y besa a sus hijos, y sin articular palabra deja su equipaje en el suelo y prende la computadora para ver si hay algún e-mail de Gilbert con un comentario acerca de ese maravilloso fin de semana. Y ahí está él dándole la bienvenida a su país y las gracias por haberle hecho pasar el fin de semana más especial de su vida.

"Gracias por el sábado, gracias por el domingo, gracias por entregarme ese cuerpo que no voy a olvidar por el resto de mi vida. Eres una Diosa argentina, mi Diosa del amor".

Al leer esto Marcela se desploma. Rompe en un llanto desesperado y se mete debajo de la ducha para desahogar sus penas de amor, para que el agua se las lleve y no vuelvan jamás. Ella no responde el e-mail porque el acuerdo era no volver a comunicarse más, pero en los siguientes días Gilbert no deja de enviarle e-mails, tarjetas, regalitos, canciones y todos los adornitos que se encuentran en la internet.

Marcela hace caso omiso a todo hasta que Gilbert le escribe un e-mail final preguntándole si es que él fue un fracaso como hombre o si ella fue una hipócrita que lo ilusionó durante seis meses para dejarlo ahora como si nada hubiese pasado, a lo que ella respondió:

"Adorado Gilbert:

Muy lejos de mí, estuvo usarte o engañarte. Tú eres un hombre demasiado especial y los dos días que pasamos juntos nunca se van a borrar de mi corazón. He quedado prendada a ti y sé que pasará mucho tiempo antes de curarme de esta enfermedad de tu amor. Tenemos que alejarnos, aunque nos cueste, como lo acordamos, porque de esta manera no podemos vivir, sin esperanzas ni ilusiones de estar juntos. No es vida estar así: tú allá, yo acá. Así no podremos disfrutar como lo hicimos en Miami. Serás inolvidable, te lo juro, no dudes nunca de tu hombría o de lo que me hiciste sentir, pero no debemos darle alas a esta relación que no va a ningún lado".

Al día siguiente Gilbert llega al trabajo y no puede trabajar, es tanto el vacío de imaginar su vida sin Marcela que apenas prueba bocado, y al regresar a la casa, lo que hace es instalarse hora tras hora en la computadora a escribirle e-mails a Marcela. Al cabo de una semana, la esposa de Gilbert, Joana, tiene demasiada curiosidad por saber a quién él le escribe tanto porque no se cree la mentira de que está trabajando.

Al abrir su e-mail se encuentra todos esos correos con el nombre de Marcela. Ahí está ella frente a su rival, la amante de su esposo, las más querida, la más atendida, desbordada en palabras de amor hacia Gilbert, causándole un dolor terrible, una decepción inexplicable hacia ese hombre que para ella era incapaz de cometer semejante acto de infidelidad.

Allí está Joana leyendo todos esos correos donde se ponen de acuerdo para verse y donde van contando los días y las horas que faltan para hacer el amor. Sin querer Marcela y Gilbert le causan un gran dolor y una vez más se comprueba que entre "cielo y tierra no hay nada oculto".

Ahora la esposa de Gilbert entiende por qué él cambió tanto, por qué lo conseguía llorando en los rincones de la casa, pero sobre todo cuando dormía.

- ¿Y qué voy hacer con todo esto? - Se pregunta Joana -No puedo reclamarle porque se daría cuenta de que abrí su e-mail. Lo mejor será buscar entre sus cosas, algo debe tener de ella.

Joana busca en cada lugar donde Gilbert guarda sus cosas y ahí aparece la foto más linda de Marcela donde está escrito: "Soy tu Marcela forever". Joana llora al darse cuenta de que esa mujer es de verdad y no un e-mail en la computadora y se siente impotente al ver que es mucho más linda y joven que ella.

- ¡Este hombre me las va a pagar! ¿Qué se cree? ¿Qué puede tener una mujercita por ahí sin que yo me dé cuenta? ¿Y cómo le explico que yo tengo esta foto? Pues le diré que la encontré tirada en el piso al lado de la cama. Cuando Gilbert llega del trabajo, Joana lo está esperando sentada en la cama con cara de que lo quiere matar.

- ¿Me puedes explicar quién es esta mujer?

Gilbert se acerca tratando de quitarle la foto y ella le grita:

- ¡Dime, desgraciado! ¡Dime quién es esta mujer!

-Cálmate, Joana. Cálmate. Ella no es nadie importante, no te alteres así.

- ¿Cómo me vas a decir eso? Se sincero contigo mismo y dime qué pasa con esta mujer porque si no lo haces te largas ya de aquí.

-No sé por dónde empezar Joana, esto es demasiado difícil para mí, para los dos.

Sin embargo, Gilbert decide abrir su corazón y entre reproches e insultos, le cuenta a su esposa todo lo que sucedió entre él y Marcela lo cual ella ya sabía, así que pudo mantenerse tranquila mientras él hablaba.

Al final Joana le dice:

-Vete de aquí, no te quiero volver a ver.

-Pero Joana, ¿no te das cuenta de que esa fue una relación llevada a través de la internet y que después que nos vimos todo se acabó? Dime si es justo para mí quedarme solo si ya no tengo nada con ella.

- Yo no tengo confianza en eso. ¡Y quiero que te vayas ya!

Gilbert hace una maleta y se va a su apartamento de soltero, pero al cabo de un mes, Joana lo perdona y le pide que regrese.

De ahí en adelante se transforma en la buena esposa que nunca fue y Gilbert sigue con ella. Pero ya más nunca la relación es la misma y él sigue ahí, al lado de su esposa, sin dejar de pensar en Marcela ni de mandarle e-mails. Mientras tanto Joana se arrastra, llora y le ruega que la vuelva a querer como antes, que le ayude a salvar el matrimonio y que se olvide de esa mujer. Pero ya es imposible mantenerse en esa casa y en esa mentira de hogar sin planear el día de volver a irse para no regresar jamás.

Por su parte, Sergio nota que su esposa está algo alterada y le pregunta qué le pasa, pero se conforma con que ella le diga que el cambio de clima y la comida de Miami le cayeron mal. Sin embargo, al cabo de un mes, Marcela sigue igual, aunque ya su esposo ni lo nota. El cambio de clima y la comida de Miami aún están causando estragos en su esposa, quien llora por todo y por nada y a cada hora del día.

Qué importancia tiene este matrimonio para él, hace mucho tiempo que se terminó, aunque aún los dos viven bajo el mismo techo por la frase trillada y cómoda de que lo hacen "por los hijos"; ya que entre ellos no hay más sonrisas ni caricias y mucho menos miradas.

Las pocas veces que tienen relaciones, es Sergio quien las propone cuando viene tomado de alguna de sus fiestas con otras mujeres y Marcela acepta como parte del "sacrificio" de vivir cómodamente y gastar todo el dinero que le provoca en ropa, adornos para la casa, regalos, etc., etc., etc. Y para desahogar las ganas de su esposo y las que a veces le dan a ella también.

Pero Marcela no siempre tiene un orgasmo y mucho menos lo finge, ella sólo acepta el momento del sexo para que él se satisfaga y no le haga una escenita porque no quiere hacer nada y mucho menos con él. Marcela sólo tiene un sueño, irse lejos, a un lugar donde la naturaleza rodee su vida y su corazón, un lugar lleno de paz, armonía y aire puro.

Por eso, cada día, frente a la computadora, busca un lugar ideal para ella y también donde pueda dedicarse a ayudar a gente que lo necesita. Al entrar al convento, Marcela soñaba con ser catequista y misionera, pero el destino le hizo cambiar de camino por muchos años y ahora quiere retomar el sueño que se perdió, aunque no está arrepentida: sus los hijos fueron el regalo más maravilloso que Dios le dio en su momento.

La vida cambió, el matrimonio no fue lo que ella pensaba. Los hijos crecieron y tomaron sus vidas. Pronto llegará la hora de partir y de empezar de nuevo. Y el día menos pensado allí está el lugar frente a sus ojos: Venezuela, Canaima y unos indiecitos desnudos que corren por la selva mientras que sus padres trabajan para traer el sustento al hogar y las madres tejen hamacas, cestas y hacen collares para vender a los turistas que vienen del mundo entero a conocer esas montañas, ríos, caídas de agua y el Salto Ángel, la cascada más alta del mundo.

Marcela se viste muy elegante, cubre sus canas con un tinte marrón oscuro y va a la mejor peluquería de Buenos Aires para que la maquillen, hoy es la graduación de Marcelo. Mayor satisfacción imposible, ver a un hijo nacer y graduarse en la universidad. Con sólo 52 años Marcela siente que realiza uno de sus sueños: ver a su hijo recibiendo su medalla de graduación.

En medio de la graduación, Marcela festeja con alegría y para todos, son la familia modelo. Llega la hora de la foto y se sonríen, se acercan, pero son incapaces de abrazarse, de tocarse y al revelar la foto, la psicología de ella dice:

- "Qué fea familia. Qué desamor. Qué desunión".

Según Marcela, cuando a la hora de la foto familiar no hay abrazos ni acercamientos sino sonrisas forzadas, eso sólo significa que esa es una familia de "adorno", de "apariencia". Por eso, Sergio lee el periódico mientras desayuna, Marcelo habla por el celular con su novia, Silvia escucha música y Marcela piensa en su viaje a Canaima para convertirse en misionera.

Y un domingo, cuando los cuatro están en la casa, Marcela los reúne, les hace un resumen de lo que ha sido su vida, su matrimonio y les notifica que tomó la decisión de volver a la vida del convento, pero fuera de él y dedicándose a ayudar y a catequizar a los indígenas de la selva venezolana, cerca del Salto Ángel. Al oír esto, el primer sorprendido y ofendido es el "fiel" esposo que entra en cólera y le reclama ferozmente por esa descabellada idea. Sergio grita, se enfurece, pide explicaciones y no entiende la razón del abandono.

Marcela no se inmuta, sus hijos la comprenden, la apoyan y le reclaman a su papá la actitud de víctima. Ellos están ya cansados de encontrárselo con mujeres en restaurantes y hoteles y lo peor es que sus amigos o conocidos les comenten que lo vieron "muy acaramelado" con otra que no es la mamá. Incluso los dos saben que también hay un hijo oculto, pero sólo de Marcela porque eso es "un secreto a voces". Marcelo y Silvia se secan las lágrimas al darse cuenta de que ellos no colaboraron en lo absoluto para mantener unida a su familia, pero a la vez entienden que ya es tarde y no hay nada que hacer. Ellos crecieron en un hogar donde su mamá nunca tuvo un gesto ni una caricia tierna para su esposo y el papá en cada cumpleaños de su esposa, se aparecía a última hora con un ramo de flores para salir del paso, cuando todos estaban cansados de esperar para cantar el cumpleaños e irse.

Y aquí está el resultado de ese matrimonio tan largo, pero tan de mentira, y unos hijos que con ansias buscan una pareja para no repetir los errores que sus padres cometieron al mantenerse juntos "por los hijos".

CAPÍTULO 5
LA VIDA EN LA SELVA

Ya Marcela tiene sus maletas listas y el pasaje en mano; Marcelo y Silvia la ayudan a poner las cosas en el carro para llevarla al aeropuerto mientras Sergio se revienta de las iras y no sale de su habitación para despedirla, pero la mira por la ventana y la odia por abandonarlo a él que es "el macho más macho de todos los machos".

Marcela por su parte siente nostalgia por dejar a sus hijos, pero ellos siempre la visitarán y comenzarán a tener una relación diferente, a la distancia, pero más cercana y profunda que la que han tenido viviendo juntos. Por otro lado, Marcela se siente liberada de ese matrimonio falso y de las tantas veces que tuvo que tener relaciones sin ganas y sin amor. Se siente liberada de un hombre que durante muchos años la irrespetó: como esposa, como madre, como compañera de vida.

De nada valieron sus atenciones y su devoción al hogar porque "el macho más macho" tenía que demostrarse a sí mismo que sus canas no son de vejez sino de "ganas". Y así poco a poco fue dejando a su esposa a un lado, como un adorno más de su "casa", que dejó de ser un "hogar".

Al subir al avión, Marcela llora y se despide de sus hijos y del amado país que la vio nacer, pero a la vez tiene la ilusión de empezar esa otra vida con la cual siempre soñó, dedicarse a la gente, ser útil ante la humanidad.

Durante el vuelo se imagina la selva y sus habitantes, también se duerme y sueña que está en su casa planeando el viaje a Canaima y despidiéndose de su familia. Al despertar escucha al piloto de Aerolíneas

Argentinas indicando que se abrochen los cinturones de seguridad para aterrizar en el aeropuerto Simón Bolívar de Maiquetía.

Llena de emoción y miedo, se abrocha el cinturón, agarra su cartera y saca un espejito para retocar el sutil maquillaje que siempre usa: pinta sus labios de color rosa, revisa sus dientes, se peina el cabello, guarda todo, cierra los ojos, se persigna y reza antes de aterrizar.

Al pisar tierra venezolana, Marcela da gracias a Dios y se dirige a tomar una pequeña avioneta que la lleva al estado Bolívar. Llega a Canaima, se baja de la avioneta y mira a su alrededor. Al ver ese paradisíaco paisaje respira profundo el aire puro y se deleita con el verde profundo de las hojas de los árboles y la inmensidad de montañas que rodean el lugar, cuando aparece el padre John a recibirla.

Un joven medio gordito con el cabello ensortijado y despeinado, alto, velludo, de grandes y brillantes ojos azules. Él se presenta, le da la mano, un abrazo y la invita a montarse en un jeep que los lleva a un campamento pemón donde Marcela será la mano derecha de él y lo ayudará con la catequización de la comunidad y las obras sociales de la región.

Marcela se muestra muy contenta pero nerviosa, la presencia del padre John la altera y empieza a hablar y a hablar explicando todos los detalles desde que salió de Buenos Aires hasta que llega a Canaima.

El sacerdote por su parte, escucha atentamente todo el monólogo de Marcela y con una sonrisa en los labios se descubre, para su vergüenza, recorriendo con la mirada el cuerpo entero de Marcela, desde su cabello recién pintado, hasta la punta de su dedo gordo, visible a través de la blanca y delicada sandalia que lleva puesta.

Marcela se percata de la mirada del padre John, pero incrédula de lo que ve, disimula y le hace preguntas acerca de la aldea donde va a vivir y a trabajar y de lo que hay que hacer.

-Relájate Marcela, no hay apuro. En la selva la vida es calmada, tranquila y no hay necesidad de acelerar los acontecimientos.

Marcela lo mira a los ojos y le pregunta:

- ¿No hay necesidad de acelerar los acontecimientos?

El padre John sonríe entendiendo la picardía de Marcela, pero disimula y responde las preguntas que anteriormente le hizo acerca de la aldea y los Pemones.

-La comunidad de Pemones son una de las etnias más grandes de Venezuela, habitan en la Gran Sabana y son personas muy supersticiosas. Para ellos los seres humanos tiene cinco almas parecidas a su sombra y esa última puede abandonar el cuerpo mientras duerme y habla cuando quiere. Pero en estas comunidades también hay grupos de católicos y evangélicos, así que la diferencia entre ellos y nosotros es su medio ambiente porque ellos se visten y comen como nosotros. Sólo en diciembre cambian el menú y cazan venados, ese es su "plato típico navideño".

Al escuchar estas historias de las costumbres de los indígenas, Marcela queda encantada, no sólo por la manera de hablar del padre John, sino por la creencia de los Pemones. Es así como al cabo de un mes, ya está totalmente adaptada a la selva y sus habitantes, pero sobre todo al padre John.

Apartando esa atracción mutua que sintieron a primera vista, el padre y Marcela, trabajan día y noche por las diferentes aldeas, ayudando a sus niños, a sus mujeres y a sus hombres. No sólo les enseñan el Catecismo y les hablan de Dios, sino también Marcela se dedica a hacerle conocer a las mujeres la cocina argentina y a los niños canciones de su país.

Estando tan ocupada, casi se olvida de la vida que dejó atrás y sorprendida de lo feliz que se siente, decide escribirles una carta a sus hijos para relatarles acerca de su nueva vida. Les cuenta del padre John:

"El padre John, es un jovencito gordito y bonito, tiene una manera muy espiritual de ver la vida. Es alegre, cariñoso con todos, amable, divertido. Él es el alma de esta selva, es un ángel".

Los hijos al leer la carta le responden:

"Mamita querida:

Estamos muy felices al darnos cuenta de lo acertada de tu decisión de dedicarte a lo que siempre quisiste hacer. Te extrañamos mucho y esperamos visitarte pronto. Sigue adelante que, si la vida te sonríe a ti, a nosotros también. Te amamos.

Silvia y Marcelo.

P.D. Cuidado con el padre John porque los ángeles saben volar Jajajajaja".

Al recibir la carta, se pregunta qué habrá dicho acerca del padre John para sus hijos le hicieran ese comentario. En ese momento se acerca él a preguntarle la razón de su alegría, Marcela se pone nerviosa, mete la carta en el sobre y hace un ademán de esconderla para que no la vea. El padre John se sorprende y le pregunta:

- ¿Qué tan malo o bueno hay en esa carta para que la guardes de esa manera?

Marcela se sonríe, disimula y le dice que sus hijos le escribieron, pero que no hay nada que ocultar:

-Ellos están felices de que su mamá haga sus sueños realidad.

El padre John se sienta frente a ella y la mira con esos ojos de cielo que la hacen temblar y le dice:

-Préstame la cartica para leerla. ¿Vas a guardarme secretos después de que llevas un mes contándome tu vida de la "A" a la "Z"? Ay, Marcela. ¿Qué será lo que escondes con tanto misterio? ¿Es que acaso la carta te la mandó tu esposo?

-No padre John, ese hombre me debe estar odiando tanto que no querrá ni saber qué hice con todo el dinero que me traje.

El padre John no sabe que una de las maletas de Marcela está llena del dinero que ahorró para irse de su casa y convertirse en misionera. Sin embargo, ella recibe un sueldo por dar clases y cuidar a algunos niños de la aldea. Sorprendido por esta confesión el padre John le pregunta a Marcela para qué se trajo a la selva esa cantidad de dinero que tal vez nunca usará.

-Padre, yo no sabía con qué me iba a conseguir aquí. Si me iba a adaptar o si tendría que irme a otra parte y estando en un país ajeno tenía que asegurarme económicamente para no regresar a mi casa con el rabo entre las piernas.

- ¿Pero es que acaso no te sientes bien aquí? ¿Te quieres ir?

-No, padre. ¿Cómo se le ocurre pensar eso? Aquí me siento feliz, útil, importante. Ya no soy el adorno en la mesa de mi sala y mucho menos el cero a la izquierda en mi cama.

- ¿Y no lo extrañas a él?

Marcela suelta una carcajada y le pregunta al padre John:

- ¿A Sergio? Para nada, hasta me pregunto cómo pude tener dos hijos con un hombre que en sólo un mes siento como un completo extraño.

Al escuchar esto, al padre John se le iluminan los ojos y en un arranque de emoción abraza a Marcela. Ella queda paralizada, baja la cara y sin mirarlo le responde el abrazo y le acaricia la espalda, lo cual quería hacer desde una vez que lo vio sin camisa refrescándose en el río.

-Discúlpame Marcela, no es correcto que te haya abrazado.

-No, padre. Discúlpame tú a mí.

Y así comprendió Marcela que los ángeles vuelan y que el padre John y ella tienen unas ganas inmensas de volar juntos.

Es de noche, ninguno de los dos puede dormir, Marcela lo desea con todas sus ansias. El padre John en cambio reza y pide a Dios que le de fuerzas para aguantar la tentación una vez más. Es mucho el esfuerzo que un hombre, simple ser humano, tiene que hacer para luchar contra la naturaleza.

El padre John es un ser excepcional y con mucha vocación, pero Marcela ha entrado en su vida y en su corazón de una manera avasallante. Él la admira por su manera de ser tan entregada a la ayuda de los demás, tan desbocada en sus sentimientos y en su devoción al trabajo con la comunidad.

El padre John se sienta en la cama y se cubre la cara con las manos.

-Dios mío, por favor, no me dejes caer en tentación, te lo ruego. Llévate estos pensamientos de mi mente, pero más que todo, estos sentimientos del corazón.

En ese momento oye que tocan a la puerta y es Marcela:

-Padre John, por favor ábreme la puerta. El padre John asustado y confundido, abre la puerta y al ver a Marcela en pijamas voltea la cara y le pregunta qué desea.

-Padre, es sólo para avisarle que mañana iré a la ciudad a comprar algunas cosas y a llamar a mis hijos por teléfono. Le aviso porque voy a salir muy temprano.

-Está bien Marcela, gracias por avisarme. ¿No necesitas nada más?

-Sí padre, pero lo que necesito tú no puedes dármelo- le dice Marcela con picardía.

El padre John la mira directo a los ojos, se le acerca, le besa los labios y le dice:

- ¿Es acaso esto lo que necesitas?

Marcela se queda casi sin aliento por lo sorprendida que está, pero no le da tiempo de decir nada porque el padre John se voltea, entra y tranca la puerta de su habitación.

Ella se va decepcionada, con ganas de seguir besándolo y el padre John apoya su frente en la puerta y dice:

-Dios mío. ¿Qué he hecho?

Marcela aun sin dormir, se levanta a las 6 de la mañana, se baña, se viste y sale corriendo a tomar el jeep que va a la ciudad a las 6:30.

El padre John ya está afuera tomándose un café y con otro para ella.

-Marcela, te agradezco que me disculpes por lo de anoche. No sé qué me pasa, estoy descontrolado, desencajado. No quiero hacerte daño ni hacérmelo a mí mismo.

-Padre, para mí un beso no es pecado ni significa nada, así que deja de preocuparte. Tú eres hombre también, no una piedra y esas cosas pasan entre un hombre y una mujer. Tal vez no soy tan vieja como para que seas mi hijo, pero diez años es mucha diferencia cuando la mujer es la que los lleva.

Marcela toma su café y enseguida se monta en el jeep que la lleva a la ciudad. En el camino va pensando en la espalda del padre John y su mente lo desnuda poco a poco, lo besa en la frente, pasa un dedo por su nariz, le besa la boca con un beso largo y profundo. El padre John la aprieta con fuerza y continúa besándola; Marcela pasa su nariz por el pecho del padre John y baja para besar sus piernas, sus rodillas. Marcela se estremece de deseo y no quiere despertar de ese rico sueño en donde hace el amor con el padre John en plena selva, llenos de naturaleza y sumergidos en el río infinito que recorre la aldea. Al abrir los ojos se da cuenta de que se quedó dormida en todo el camino y que ya está en la ciudad.

Un poco confundida y aturdida, aparte de excitada por el sueño, mira a todos lados preguntándose qué hace allí.

- ¡Ay! Si es verdad que vine a llamar a Barbarita. Qué me dirá ella de toda esta locura que me está sucediendo. Ya me imagino:

- ¡Amiga, te felicito! Qué bueno que por fin te enamoraste otra vez y de un cura. Jajajajaja que maravilla. Es que eso está perfecto: tú casi monja y él cura, mejor pareja imposible.

-No sé, no sé. Él es tan especial, tan espiritual; yo no quiero meterme en su vida ni perturbar su vocación porque yo sé del gran compromiso con su iglesia y su gente.

-Pero no le hagas caso a eso, tonta. ¿No te das cuenta que el tipo también está que se muere por ti?

-No estoy segura de eso, pero si me doy cuenta que desde el primer día él me miró diferente, no como cura sino como cualquier otro hombre.

- ¿Y entonces? Ve, dile que lo quieres y que deseas tener algo con él y ya.

- ¡Ah, sí! ¡Qué fácil! Yo no soy de esta época Barbarita, a mí me gusta que me cortejen y él no lo va a hacer.

-Yo creo que hay formas y maneras de cortejar amiga, así que síguele las pistas al curita, que ese en cualquier momento se resbala y cae rendidito a tus pies.

-Bueno, Dios decidirá. Yo no voy a hacer nada porque me da vergüenza que vaya a pensar mal de mí. Ahora te dejo porque voy a llamar a mis hijos y luego me voy. Un beso y adiós.

-Adiós. Buena suerte con el curita.

CAPÍTULO 6

INTIMIDADES

No es fácil la vida ahora entre Marcela y el padre John. Cada día ellos hablan con sus ojos y su cuerpo, sin querer ni darse cuenta. Trabajan juntos, comen juntos, se miran, se escuchan, se atienden, se complacen con detalles pequeños, pero a la vez evitan las palabras de amor y hacen silencio.

Marcela mientras tanto, desahoga su amor escribiéndole poemas, pero no le comenta nada al padre John, hasta que no aguanta más y un día decide jugar al juego de la tentación.

-Padre John, ¿usted sabe cuál es mi hobby?

-Supongo que lo que haces todos los días: ayudar a la gente, dar clases, pasear por la selva, bañarte en el río. Me he dado cuenta que disfrutas mucho de todas esas cosas.

-No, padre- Hobby es otra cosa. Yo escribo poemas.

- ¿Ah, sí? Que sorpresa, señora Marcela. Usted es una caja de Pandora. ¿Qué es lo que escribe?

-Nada específico. Cosas que me suceden, sentimientos que afloran en mi corazón. ¿Y sabes qué? - pregunta Marcela con picardía y mirándolo profundamente a los ojos.

- ¿Qué? - responde el padre John.

-Te he escrito a ti también, pero no te lo voy a enseñar.

El padre John, visiblemente emocionado, le dice que quiere leer esos poemas, pero Marcela se niega rotundamente.

-Entonces voy a tener que convertirme en ladrón y robármelos para saber qué escribes de mí.

-No te preocupes padre, algún día te los muestro.

-Algún día me suena a nunca.

-Es que las cosas íntimas no se le enseñan a todo el mundo.

- ¿Qué de íntimo hay entre los dos, aparte de un simple beso?

- ¿Un simple beso, padre John?

-Eso fue lo que tú me dijiste, que un beso de un cura es una tontería que no significa nada.

-Padrecito, ¿usted como que se ofendió por mi comentario?

-No, Marcela. Es que....

- ¿Es que qué?

-Nada Marcela, no me hagas caso.

-Padre, ¿puedo hacerte una pregunta?

-Por supuesto.

-Es que no sé cómo hacértela, me da como vergüenza.

- ¿Qué es eso tan feo como para que te de vergüenza?

-No es feo, es muy íntimo. Pero tengo curiosidad y no sé cómo preguntar sin ofenderte.

-Empieza por el principio y termina por el final.

-Jajajajaja será mejor, ¿verdad?

-Dale, pregunta y ya. Sin rodeos.

-Este... Bueno... Tú sabes que, aunque eres sacerdote, también eres hombre y tienes tus necesidades como ser humano, ¿no? Entonces, ¿qué hacen ustedes cuando les dan ganas?

- ¿Tú me quieres preguntar que si me masturbo?

Marcela, bajando la cabeza, responde que sí y John suelta una carcajada que retumba en la selva.

-No, Marcelita. Eso sería igual a buscarme una mujer.

- ¿Entonces cómo haces?

-Nada, a veces tengo sueños mojados donde eyaculo y ya. Además, como te habrás dado cuenta, hago mucho ejercicio, mantengo mi mente ocupada y rezo.

-Qué pena, padre. Eso me parece absurdo que nuestra religión sea la única donde los curas no se casan, ni que fuesen asexuales, padre.

-Pero eso tiene su razón de ser, Marcela. ¿Tú crees que si yo fuese casado podría pasarme veinticuatro horas dedicando mi vida a la comunidad o a quienes necesiten de mi ayuda?

-Esa fue la misma excusa que una monja del colegio me dio cuando yo le hice esa pregunta, pero si en todas las profesiones la gente trabaja y comparte con su familia y amigos, no veo por qué los curas no pueden hacer lo mismo que el resto de los demás y de las otras religiones. Eso es sólo luchar contra la naturaleza.

-Es así como lo aceptamos los que tenemos verdadera vocación y somos felices llenando nuestras vidas con otras cosas. Eso también es amor.

-Pero no sexo, padre.

Al oír estas palabras de los labios de Marcela, el padre John siente un escalofrío que le recorre el cuerpo y lo hace ruborizar.

-En tal caso disculpa mi indiscreción, es que a veces soy un poco curiosa.

-No te preocupes. Yo no soy un padre a la antigua ni tengo tabúes. Pienso que todo se puede hablar con respeto, así como nosotros lo hemos hecho.

Después de esta conversación, Marcela trata de controlar sus ganas de tentar al padre John. Siente que una cosa es la que dicen sus palabras y otra el lenguaje de su cuerpo y siente también que ella se está enamorando de alguien que, al ser vulnerable en algunas ocasiones, no debe ser digno de confianza con respecto a hacerla feliz.

Sin embargo, dos días después, el padre John invita a Marcela a pasear en curiara hasta *"El Pozo de la Felicidad"*.

-No padre, que miedo. To he escuchado que todas las parejas que van para allá y se bañan debajo de esa cascada terminan peleadas y separadas.

-Jajajajaja. ¿Quién te dijo semejante barbaridad?

-Muchos turistas me lo han dicho y aunque sea una casualidad, prefiero no arriesgarme. Mejor vamos a otro lugar.

- ¿Te parece bien ir al tobogán de La Gran Sabana?

-Ahí, sí. Buenísimo. Parece mentira que en casi cuatro meses que llevo acá, aún no he conocido esa belleza sino a través de la internet.

A través de la infinita extensión de agua que rodea la aldea pemón, Marcela y el padre John disfrutan del bello paisaje a su alrededor: montañas inmensas, cascadas furiosas, animales, árboles, naturaleza y allí se unen sus corazones una vez más.

-Qué grande es Dios al haber creado toda esta belleza.

-Qué bello es mi país. ¿Verdad, Marcela?

-Sí padre, esto es un sueño de país, el más lindo del mundo y mira que yo he viajado.

-Me extraña mucho que diga eso, señora. ¿No y que los argentinos son lo mejor de lo mejor?

-Jajajajaja, esa es la fama que tenemos, pero yo se aceptar y entender lo que es bueno, malo o peor y al menos veo que esta selva es lo más lindo que mis ojos han visto en la vida.

-Sin embargo, yo pienso que Bariloche es lo máximo.

-Ni me lo recuerdes, padre John. Yo fui de luna de miel para allá y esos fueron los peores días que pasé al lado del papá de mis hijos. Ahora es cuando me doy cuenta de que lo que empieza mal termina mal. Pero nunca es tarde. Aguanté veinticinco años. Ahora soy feliz y eso es lo importante.

- ¿Así de malo fue tu matrimonio?

-No, por supuesto que hubo buenos momentos, pero ni me di cuenta de cuándo se echó todo a perder. Es que las relaciones son como una flor, como una semilla si no se riegan no nace ni crece.

- ¿Ustedes no regaron a la flor?

-Al principio sí, pero nos confiamos en que el trabajo estaba hecho. Pensamos que con tantos años juntos ya era para toda la vida el matrimonio y no nos ocupamos más de él.

-Lo que no se alimenta muere, ¿no?

-Exactamente, padre.

-Cambiando el tema. ¿Sabes que las formaciones rocosas de la Gran Sabana son las más antiguas de todo el planeta?

-No tenía ni idea de eso, pero son tan altos los Tepuyes que era de imaginarlo. No sólo me impresionan esas montañas, también me asombro de cómo los indígenas hacen esas lindas cestas con palma de moriche y también las hamacas.

-También los collares tan llamativos y coloridos los hacen con semillas de peonía, pepas de zamuro, plumas y picos de aves.

- ¿Eso es verdad que las pepas de zamuro dan buena suerte y que las peonías evitan el mal de ojo?

El padre John frunce el ceño y le dice a Marcela:

- ¿Ya te pusiste a creer en las cosas que inventan aquí? ¡Hazme el favor, Marcela! Acuérdate que estás hablando con un sacerdote.

-Jajajajaja, padre, no se moleste. Sólo quería ver su reacción. Yo creo también en Dios y en más nada, pero usted sabe: "De que vuelan, vuelan" así que por precaución llevo mis amuletos que con tanto cariño algunas mamás de mis alumnos me han dado. Yo pienso que las cosas no dan o quitan la suerte, es la fe que las personas ponen en ello y la fe es de Dios.

-Tienes razón, Marcela. Por eso te admiro tanto. Eres un ángel, pero también el diablo que me está tentando.

- ¿Por qué dices eso, padre John? No es justo para mí.

-Disculpa Marcela, es que a los curas nos taladran la mente con la historia de Adán y Eva, la manzana de la tentación y la serpiente.

-Pero yo soy solamente una mujer con sentimientos y emociones tan puras como tu vocación padre.

-Por eso te pido disculpas, ni siquiera sé lo que digo.

Después de un rato de silencio Marcela y el padre John llegan al tobogán de la Gran Sabana y pasan una tarde alegre y divertida lanzándose una y otra vez como si fueran un par de niños traviesos, hasta que se cansan y deciden regresar a la aldea. En el camino de regreso los dos van callados, sobre todo Marcela quien piensa en Gilbert y en lo lindo que él la hubiese pasado en ese lugar.

El padre John la observa y ve como una lágrima rueda por su mejilla.

-Marcela, ¿qué te pasa?

-Nada padre, cosas de la vida.

- ¿No puedes contarme?

-No lo sé padre, hay cosas que pasan en la vida y una no sabe con qué fin sucedieron y no sé si debo contarte porque a lo mejor cambiarías el concepto que tienes de mi de que soy un ángel.

-No te preocupes, sólo quiero que sepas que yo siempre voy a estar ahí para consolarte y escucharte cuando lo necesites.

-Gracias padre, a lo mejor un día me ánimo y se lo cuento, pero bajo secreto de confesión.

Ni los meses en la aldea, ni el trabajo, ni la atracción que ejerce el padre John en Marcela la hacen olvidar esos seis meses y el fin de semana en Miami.

Por su lado Gilbert, sin saber de la vida de Marcela, continúa enviándole e-mails con la esperanza de que algún día le responda. Pero Marcela no sabe qué hacer: si continuar en la aldea viendo al padre John todos los días y enamorándose sola o buscar una computadora para saber si Gilbert le sigue escribiendo.

-Creo que lo mejor es confesarme con el padre John a ver qué reacción tiene él y si le da celos- piensa Marcela.

CAPÍTULO 7

DOS CONFESIONES

Al atardecer, el padre John descansa en su hamaca y Marcela se le acerca.

-Padre, buenas tardes. ¿Será que después de un ratito de descanso podría confesarme?

-Claro, hija. Claro. Voy a cambiarme de ropa.

- ¿Por qué no me puedes confesar, así como estás?

-Te explico: Se dice que cuando un sacerdote confiesa actúa "In persona Chirsti". Su personalidad se esconde para que aparezca la de Cristo. Por eso, ponerse las vestiduras sagradas es como "disfrazarse", esconder su propia personalidad, para que aparezca "la personalidad de Cristo", quien realmente preside la celebración, y al que el sacerdote representa.

- ¡Ah! Ya entiendo.

Pasan unos minutos y el padre John regresa.

-Ya- dice el padre.

-Bueno, padre- empieza Marcela a confesarse - Desde que llegué aquí te he contado el desastre de mi matrimonio en el que quedé atrapada, pero no te he dicho aun la razón por la cual adelanté mi venida para acá. Un día inventé un viaje de luna de miel para darle una oportunidad al padre de mis hijos y a mí misma a ver si podíamos avivar la llama de la pasión o hacer renacer el amor. Esa luna de miel fue tan mala que, al contrario de haber servido para bien, al regresar quise vengarme de la manera tan irrespetuosa de como mi esposo me trató, así que entré en un chat en donde conocí a un hombre casado y a los seis meses nos vimos personalmente y pasamos un fin de semana juntos. Al regreso él me escribió un e-mail donde dejaba ver que ese encuentro fue para él tan importante como para mí, pero yo decidí no responderle y escapé de una relación que ya me estaba haciendo sufrir. Cuando llegué aquí, encontré muchas cosas que me han hecho calmar mi dolor, pero a la vez estoy volviendo a caer en algo que seguramente me hará sufrir otra vez. Dígame usted padre qué tengo que rezar para pagar por mi pecado y si me tengo que ir de aquí para no volver a sufrir.

El padre John se levanta de la hamaca y se quita su envestidura, dando así por terminada la confesión sin ponerle a Marcela ninguna penitencia.

-Discúlpame, Marcela. Voy a tomarme un vaso de agua y después seguimos hablando un rato más.

Marcela se queda sorprendida de la actitud del padre John de no darle una penitencia y de ni siquiera hacer ningún comentario.

- ¿Será que no tengo perdón por lo que hice o que él está tan interesado en mi como yo en él? ¿Qué es lo que me sucede a mí? ¿Será que estoy enamorada de dos hombres?

El padre John vuelve, la mira a los ojos y se sienta frente a ella.

- Perdóname mi querida Marcela. Yo soy quien realmente quiero confesarme, no quiero que te vayas ni que me dejes. Ya no puedo vivir más sin besarte, sin abrazarte. ¡Qué importa lo que pasó con ese hombre o con tu esposo o con quien sea! Yo te amo Marcela, y no quiero que te vayas.

-Pero, padre John. ¿Te das cuenta de lo que me estás diciendo?

- ¿Por qué crees que no te di una penitencia? ¿Quién soy yo para juzgarte y castigarte si desde el primer día en que te vi olvidé lo que soy y a lo que le debo respeto? Pero no puedo más, quiero seguir ayudando a la gente, trabajando con la comunidad, pero a tu lado, haciendo todo lo que hacemos siempre, pero también mirándonos, acercándonos, besándonos y... Haciendo el amor.

En ese instante Marcela se le acerca y lo besa, lo acaricia y le mira los ojos. -Gracias, padre John. Entiendo lo que sientes porque yo también sentí algo muy especial cuando te vi esos ojos azul cielo y esa melena enroscada y despeinada, pero me siento muy confundida y no quiero que tú sufras por mí.

- ¿Es que acaso no te he tratado bien, ni la gente de la aldea, para que no te hayas olvidado de ese señor?

-Tal vez tú no lo comprendas, pero ese a quien tú llamas "señor" es una persona muy especial que llenó mi vida completamente durante seis meses. Y no es fácil, por el contrario, es demasiado difícil desprenderse de alguien como él.

- Pero, ¿qué tanto puede sentirse con una persona que sólo viste durante dos días y antes de eso sólo te comunicaste por computadora? Eso es absurdo.

-Parece absurdo, pero eso es algo que sólo quien lo vive lo puede comprender. Lo que él y yo vivimos sólo nosotros lo entendemos y lo tenemos en el corazón.

El padre John le da la espalda a Marcela y siente que revienta de los celos por la manera como ella defiende algo que a él se le hace demasiado difícil comprender.

-Entonces, ¿qué quieres que yo haga? Puedo pedir una audiencia ya con el Obispo y salir de todo esto, yo estoy dispuesto a todo por ti.

-No, no padre John. Por favor, piensa bien las cosas. Yo creo que lo mejor es que yo me aleje un tiempo y después veremos que sucede.

- Claro, ¡vas a escapar otra vez, como lo hiciste de él! ¿Por qué no enfrentas el amor verdadero? ¿por qué no te arriesgas como yo lo quiero hacer?

-No es así de fácil, padre John. Yo no soy una jovencita como tú, ya tengo cincuenta y dos años, un matrimonio que fracasó, dos hijos. ¿Cómo crees que me voy a presentar delante de mis hijos después de sólo tres meses y decirles que "de repente" me enamore?

-Está bien Marcela, tienes razón. ¿No crees que juntos podríamos resolver mejor las cosas?

-Tal vez tú sí, pero yo no porque estoy confundida y necesito estar sola. Mañana mismo voy a llamar a Barbarita para que me reciba en su casa mientras me ocupo de legalizar la separación con el padre de mis hijos y allá decidiré qué voy a hacer con mi vida.

- ¿Entonces es una decisión tomada?

- Sí, padre John. Creo que eso es lo mejor para los dos, sobre todo para ti. No me parece correcto que después de diez años siendo cura, de la noche a la mañana, quieras dejar todo por una mujer que casi podría ser tu madre.

-No te menosprecies Marcela, tú eres la mujer más especial, humana y adorable que yo he conocido en mi vida.

-Padre John, cuando estemos separados y sin comunicarnos, tendrás la oportunidad de ver las cosas de otra manera y ahí sabrás lo que realmente quieres y te conviene. No sé si te darás cuenta que hacer la vida conmigo es renunciar a tener hijos porque como comprenderás ya estoy a punto de convertirme en menopaúsica y tú tienes toda una vida por delante para conocer otras mujeres si ya no te interesa seguir siendo el padre John.

-No me ofendas Marcela, yo siempre he sido feliz siendo un sacerdote hasta que te conocí a ti. No te creas que no he visto o conocido a mujeres o que no he tenido que luchar contra la tentación, pero tú no eres una de ellas, ni siquiera una simple tentación, eres la mujer con quien quiero pasar el resto de mi vida.

-No te voy a cerrar las puertas padre John, pero déjame estar segura de mis sentimientos para no dañarte y mucho menos quiero que dejes tu vida a un lado por alguien que tal vez no va a poder responder a tus expectativas.

Déjame estar sola, resolver mis problemas y despejar mis dudas; si vuelvo sabrás que vendré para no irme jamás y si me voy definitivamente, que sea contigo.

-Gracias Marcela de mi vida, gracias por darme la esperanza que necesito para poder aguantar el tiempo que no vas a estar. Y es que sé que vas a regresar porque desde aquí te voy a mandar todo el amor que me está aprisionando el corazón y vas a regresar.

Y con la emoción de sus palabras, John se acerca a Marcela y le da el beso más dulce y profundo que ella en su vida ha recibido.

CAPÍTULO 8

EN BUENOS AIRES OTRA VEZ

Dos días más tarde, Marcela va en camino a su casa. Ya se enteró de que su esposo no vive más ahí porque se mudó con otra mujer. Sus hijos han tapizado la casa con afiches de bienvenida, globos, serpentinas y muchos regalos.

Al llegar, Silvia y Marcelo, y amigas y familiares le gritan -¡Sorpresa! - Y todos le lanzan papelillos y la abrazan cariñosamente.

-Si hubiese sabido que me harían una bienvenida así, hubiese venido mucho antes. Gracias a todos, son un amor.

Al terminar la reunión, todos los invitados se van menos Marcela y Barbarita.

-Amiga, hay algo que tenemos que decirte.

- ¿Pasó algo? -pregunta Marcela asustada.

-Nada actual, algo viejo que tú no sabías. Como verás, ya Sergio no está aquí y la razón no solo es que se fue con una mujer, sino que además tiene un hijo de diez años.

- ¡¿Qué?! Ese hijo de... ¿Cómo es posible? ¿Un hijo de diez años? Entonces yo viví todo ese tiempo totalmente engaña y haciendo el papel de pendeja. Dios, que desgracia.

Silvia se acerca y la abraza.

-Cálmate, mamá. Lo que pasó, pasó y ustedes están separados; además, por qué te sorprende si tú aceptaste que mi papá llegara tarde hasta en los días de cumpleaños de todos, en Navidad y en cada día importante para compartir en familia. ¿Acaso ahora te vas a olvidar de los reclamos que le hacías por eso? Tú también tienes la culpa por haber aceptado tanto irrespeto. De nada te sirve que te lamentes ahora.

-Hija por ustedes aguanté, para que tuvieran un hogar estable con su mamá y su papá juntos.

-Grave error mamá, lo peor que pudiste hacer. ¿Tú crees que fue bueno verlos a ustedes dos ignorarse, no darse cariño y discutir por todo y por nada? Eso de tener a mi papá huyendo cada vez que le sonaba el celular o le mandaban un mensaje o buscando dónde meterse para hablar escondido. ¿No me vas a decir que sólo tú no te dabas cuenta? Pues de nada te sirvió el sacrificio "por nosotros" la que quedaste en ridículo fuiste tú.

- Pero, ¿cómo me vas a decir eso, hija?

-Bueno, bueno. Cálmense. - dice Marcelo. No es hora de pelear ni de recordar cosas que no valen la pena. Ahora estamos aquí los tres sin nadie a quien esperar y lo mejor es dejar el pasado atrás. Se acabó la discusión acerca de mi papá.

-Tienes razón, hijo. Barbarita, por favor arregla ya lo de la demanda de divorcio y la separación de los bienes. Yo me quedo con esta casa y con el apartamento de Mar del Plata y si el tipo se pone bruto, le voy a hacer caer todo el peso de la ley encima por lo que hizo. Yo no sé cuánto tiempo estaré aquí ni cuándo me vuelvo a ir, pero será el necesario para dejar todo lo legal resuelto. Ahora por favor déjenme sola porque el viaje fue muy largo y quiero descansar.

Al entrar en su cuarto, Marcela rompe en llanto y se echa en su cama.

-Lo odio, lo odio. Cómo es posible que haya hecho esto y que yo me venga a enterar después de diez años. Dios mío, que estúpida he sido. De qué me sirvió tanto sacrificio tratando de mantener una porquería de matrimonio.

-Ay, padre John. Qué no daría yo por poder abrazarte y hablar ahora contigo.

Sin darse cuenta, vencida por el cansancio, Marcela se hunde en un profundo sueño hasta el día siguiente. Al despertar no sabe ni donde está, después de varios meses fuera de su casa el lugar se le hace extraño.

-Uhm, que rica mi cama, hacía tanto tiempo que no dormía tan cómoda.

Cuando voltea y ve la computadora, brinca de la cama y enseguida la enciende.

- ¿Qué habrá pasado con Gilbert? ¿Será que me ha escrito?

Y al abrir su e-mail, consigue al menos cien cartas de él. Al principio muy melancólicas y tristes, al final llenas de reproches y de impotencia.

- ¡Oh, pobre Gilbert! Si él supiera cuanto lo extraño. Creo que lo mejor es que le responda y le diga que me llame porque esto no puede terminar así sin ninguna explicación de mi parte.

En menos de diez minutos suena el teléfono y es Gilbert.

- ¿Aló? Buenos días.

-Buenos días. Por favor, ¿puedo hablar con Marcela?

-Soy yo, honey. Finalmente.

Se produce un silencio profundo y Gilbert no puede seguir hablando porque tiene un nudo en la garganta.

- ¿Aló? ¿Mi amor?

- ¿Mi amor? - Habla Gilbert por fin. - ¿Cómo es eso de "mi amor"? Te comunicas conmigo después de tanto tiempo y ahora soy "tu amor".

-Por favor, no me juzgues ni me reclames antes de dejarme hablar, todo tiene una explicación.

-Entonces dámela.

-Gil, cuando regresé de Miami tenía el corazón destrozado, fue demasiado duro estar contigo y regresar a mi casa a seguir metida en ese infierno de matrimonio en el cual vivía. Tú me escribiste y yo no quería responderte, porque en eso quedamos; hasta que ya no pude más y fue cuando te respondí que no dudaras de tu hombría y que yo también, como tú, fui sincera en esos seis meses que nos comunicamos y más aún en los dos días en Miami. ¿Pero para qué seguir si tú no te ibas a ir de tu casa?

- ¿Y por qué no? ¿Por qué no me diste la oportunidad de seguir comunicándonos? de desahogar todo lo que sentí contigo a mi lado. Después de que nos vimos todo cambió para mí y al llegar a mi casa, ya más nunca he podido soportar esta vida sin ti a mi lado.

-Pero Gilbert.

- ¡Nada! Déjame hablar. ¿Tú crees que yo soy de piedra o de hierro? ¡No, Marcela! Lo que sucedió entre nosotros fue algo demasiado hermoso e importante para mí y tú lo que hiciste fue escapar y acabar con la posibilidad de hacer nuestra vida juntos.

-Tú me dijiste que nunca te ibas a separar. Tú me lo dijiste y ahora quieres echarme toda la culpa a mí. ¿A caso pensaste que después de estar contigo yo me iba a conformar con tenerte sólo a ratos y ser tu amante? No, Gilbert, estás muy equivocado y yo no escapé, aceleré la ida de mi casa la cual ya tenía en mente desde antes de que aparecieras tú. Yo no te engañé y tú sabías de mis planes y así lo hice porque estaba sufriendo tanto que no tenía fuerzas para esperar que tú "algún día" decidieras, como yo, irte de tu casa.

-Te repito, no me diste la oportunidad, Marcela. En menos de un mes te desapareciste y yo no podía irme detrás de ti a buscarte sin haber sabido al menos la dirección de tu casa. Entonces dime qué podía hacer yo sino esperar que te dignaras a responderme uno de los tantos e-mails que te mandé.

-Pero ya estoy aquí Gil, estamos hablando.

-Sí, pero ya es tarde y no tengo la confianza de pensar que puedo dejar mi casa para que, sin avisarme, te pierdas y me dejes en el aire. Ya no soy un adolescente y no puedo tomar una decisión sin asegurar mi futuro, ni me voy a arriesgar a vivir una aventura que no me va a llevar a ninguna parte.

-Tienes razón Gilbert. Ya yo encontré mi camino y no te voy a hacer perder tu tiempo ni ese matrimonio tuyo "tan maravilloso". En tal caso, sólo quería que habláramos para que supieras lo que fue de mi vida y así responder a todos esos e-mails que me mandaste y que yo no podía ver donde estaba.

Pienso que si tú y tu esposa pueden aun estar juntos es que no te molesta realmente su presencia. Por mi parte, después de estar contigo, más nunca quise que el padre de mis hijos me pusiese un dedo encima; esa es la diferencia entre un hombre y una mujer cuando se enamoran.

-Me duele mucho lo que me dices, Marcela. Pero... ¿Qué te puedo decir? Yo soy hombre. Aún estoy vivo y no puedo renunciar a algo sólo porque a ti te parece que ya no debo tocar a mi mujer y vivir de tu recuerdo.

-No es eso lo que te estoy diciendo, Gilbert. Como tú dices: es tu mujer y puedes hacer con ella lo que te plazca, pero no me culpes a mí. Tal vez el destino de nosotros no fue compartir la vida sino conocernos y nada más.

En tal caso te deseo que seas muy feliz.

-Tú también Marcela.

Así se despiden los dos, Marcela cuelga el teléfono y se echa a llorar.

Es una mezcla de sentimientos que se encuentran y se confunden en el corazón de Marcela, quien desea despejar pronto las nubes grises que rodean a su vida sentimental. En estos días de soledad, Marcela se dedica a encontrase con sus amigas y sus familiares. Pasea, va a las galerías, restaurantes y cines mientras que Barbarita hace todas las diligencias necesarias para procesar su divorcio.

Pero llega el momento en que Sergio se entera de que ella está en su casa y la va a ver. Marcela siente que abren la puerta y no es ninguno de sus hijos. Se acerca a él y le quita las llaves de la mano.

-Te agradezco que no vuelvas a venir para acá y aprovecha que estás aquí para que termines de llevarte lo que dejaste.

-A eso vine. - aclara Sergio. -Me sorprende verte acá.

-Pues, esta es mi casa.

-L digo porque pensé que te quedarías en la selva y no volverías más.

-Ganas tuyas, pero aquí estoy, y saldré y entraré a mi casa cuantas veces me dé la gana.

- Estás muy agresiva, pero necesitamos hablar.

-Yo no tengo absolutamente nada que hablar contigo; si tienes alguna queja, comunícate con Barbarita que es mi abogado y está a cargo de todo lo concerniente a nuestro divorcio.

- ¿Divorcio? ¡¿Tú estás loca?! Una cosa es que te dé por irte a la selva para cambiar de ambiente y relajarte y otra cosa es un divorcio.

- ¿Es que tú quieres que yo siga casada contigo cuando hasta tienes un bastardo de diez años?

- ¿Quién te dijo eso?

- ¿Ahora me lo vas a negar? Eso es el colmo, Sergio.

-Déjame que te explique.

-No me interesa ninguna explicación. No quiero hablar contigo ni que te acerques a mí nunca más.

-Tú eres mi esposa.

- ¡Ah! Ahora soy tu esposa. ¿Por qué no te diste cuenta de eso antes? Ya se acabó Sergio, ya no vamos a seguir jugando al jueguito de la familia feliz que desde hace mucho tiempo no existe. Yo no quiero seguir siendo un adorno más en esta casa, así que vete a agarrar tus cosas y te largas.

Sergio no se resigna y empieza a dar una cantidad de explicaciones, cada una más absurda que la otra hasta que Marcela no aguanta una mentira más y le propina una cachetada que lo tumba en un sillón.

- ¡Vete ya! ¡No quiero verte nunca más en lo que me queda de vida!

Con "el rabo entre las piernas" y su machismo a cuestas, Sergio sale de la casa para no volver más.

Marcela se siente liberada después de haberle dado esa cachetada que desde hace tanto tiempo se merecía y sube a su cuarto porque tiene una inmensa necesidad de comunicarse con el padre John, aunque sea a través de una carta.

"Amado padre John:

Siento que hace un siglo que no veo tus preciosos ojos. Perdóname por "escapar", como me dijiste, pero eso está cumpliendo su cometido y aquí estoy, a través de esta, carta para decirte que la historia de Miami ya no existe, ya pasó y que Barbarita, mi mejor amiga, está trabajando en función de mi divorcio. Pronto seré una mujer libre para hacer con mi vida lo que me plazca.

No puedo decirte que salgas corriendo a colgar tus hábitos porque aún tengo mucho que hacer aquí, pero lo que sí te aseguro es que tengo unas ganas enormes de ser "La madre Marcela" si tú sigues siendo cura. En esta primera carta no voy a llenarte la cabeza de pajaritos y menos te voy a decir todo lo que quiero hacer cuando estemos juntos. Dale saludos a mis niños y diles que pronto volveré a las clases y a seguir trabajando por esa linda comunidad que tanto me necesita. También te necesito a ti, padre John, con o sin sotana. Te quiero padre John.

La madre Marcela".

Después de leer esta carta, el padre John llora de alegría y sin pensarlo dos veces corre a mandarle un telegrama al Obispo para que le conceda una audiencia de manera urgente. Al cabo de una semana, Marcela recibe la respuesta de su carta.

"Mi amada Marcela:

No hace falta que coloques el "madre" delante de tu bello nombre porque muy pronto dejaré de ser el "padre John" para que me des el honor de ser lo que tú desees que yo sea de ti.

No importa lo que suceda, aquí estaré yo para recibirte con mi corazón y mis brazos abiertos para hacerte la mujer más feliz del mundo. Estoy seguro de que este tiempo lejos de mí, te hará reflexionar acerca del amor que siento y de que soy el hombre perfecto para ti. Estoy seguro de que el día que nos encontremos, ya más nunca querrás separarte de mí ni de todo lo maravilloso que te voy a dar.

Yo tampoco voy a adelantarte en esta carta lo que sueño hacer contigo, pero si quiero que estés segura de que mi cuerpo será un paraíso para saciar todas las ganas que tu hermoso cuerpo pueda tener con todo amor.

John".

Pero lo que el padre John no se imagina es que las cosas para Marcela no son fáciles de resolver porque Sergio se encarga de demorar el divorcio y la separación de sus bienes. Sin embargo, la relación de ellos comienza a intensificarse porque a través de las cartas que cada semana se escriben demuestran con claridad sus verdaderos pensamientos y sentimientos, los cuales ya no pueden ocultar.

"Mi amado John:

No es fácil ahora estar separados, pero debemos tener paciencia porque aquí las cosas se complicaron. Lo más importante es que sepas que cada día que pasa te amo más y no voy a perder el resto de mi vida esperando por lo que suceda aquí. Pronto resolveré lo esencial y saldré corriendo a tus brazos para no dejarte nunca más.

Y como algún día te dije que iba a mostrarte lo que escribía de ti, aquí te mando una sorpresita. Un poema de los muchos que le dediqué a "mi cura adorado":

SEGUIRÉ.

Seguiré en silencio. Callada, respetando tu vocación sagrada, aunque piense que Dios te puso en mi camino para que compartiéramos igual destino. Seguiré soñando con tus labios y tu piel sin demostrar mis sentimientos verdaderos para que tú sigas siendo a Dios fiel y yo siga conservando tu cariño tierno y sincero.

Seguiré en mis noches pensando en interminables caricias y miradas, pero continuaré con mi silencio, callada, aunque sienta que de ti me estoy enamorando.

Seguiré queriendo acercarme a ti para convencerte de que cometes un error al pensar que sólo con Dios se es feliz pero jamás pronunciaré la palabra "amor" entre un hombre y una mujer.

Jamás te diré lo que contigo quiero hacer, aunque con tus labios siga yo soñando, aunque un mundo mejor en mi mente te esté creando.

Seguiré cada día viéndote, abrazándote y sólo mi cariño de amiga mostrándote, aunque al llegar mi cuarto y cierre la puerta quiera devolverme y dejarla abierta para que tú puedas entrar por ella y compartas conmigo la vida más bella, esta de poeta loca y soñadora artista y no la tuya de perfecto y fiel sacerdote.

Seguiré diciéndote entre sonrisas, como si no fuese realidad, que sería muy bello que algún día nos pudiésemos casar para darte la vida que con tanto amor te quiero dar.

Y jamás te enterarás de que lo que parece un juego es verdad porque por encima de mis sentimientos yo seguiré respetando tus labios, aunque miles de besos yo te dé".

CAPÍTULO 9
UNA DESGRACIA

El destino a veces juega malas pasadas y cuando Marcela decide no esperar más a que el divorcio salga, en medio de todo este lío, Marcelo consigue a su hermana Silvia muerta en su habitación. Silvia tomó un frasco de veneno y se quitó la vida, no sin antes dejar una nota dirigida a su mamá.

"Mamá adorada:

Sé el terrible dolor que te estoy causando y por eso te pido perdón, pero tú y mi papá, quienes sólo se dedicaron a hacerse daño el uno al otro, no vieron más allá de sus propias vidas y fueron incapaces de notar el padecimiento de las personas que vivían a su alrededor.

Tengo que agradecerte la infancia tan feliz que tuve. Gracias a los dos, no lo puedo negar, porque dedicaron sus brazos y sus labios para compartirlos con sus hijos, llenándonos constantemente de besos y cariños que se quedaron tatuados en mi alma para hacer de mi mundo de niña un jardín de rosas y un palacio de felicidad.

Pero cuando más los necesité, parece que me dieron la espalda de repente. Cuando quería hablar contigo me decías "más tarde" porque estabas ocupada discutiendo con mi papá y con él imposible hablar. Su trabajo era lo más importante y sus mujeres, como para darse cuenta de que tenía dos hijos en casa a quienes cuidar, escuchar y atender.

Fue muy difícil mi adolescencia. El descubrirme como mujer y tanto tú como mi papá se dedicaron a prohibirme cuanto hombre se fijaba en mí, con la obsesión de protegerme del sufrimiento, pero eso fue peor, de esa manera yo me escondí y oculté para saciar mi curiosidad.

A los quince años tuve mi primera relación con uno de veinticuatro, detrás de una pared del colegio a la hora de la salida, cuando las monjas sólo estaban pendientes de cuidar la puerta de adelante.

Un profesor muy querido y respetado por sus alumnas y compañeros, también por las monjas; se fijó en mí, yo en él, y en silencio nos fuimos acercando hasta que llegó el día en que me tocó, me besó y me hizo sentir mujer por primera vez. Gracias a Dios que él fue el primero y que en medio de su asalto y de sentirse culpable por enamorarse de mí y tomarme siendo yo una niña aun, me enseñó a cuidarme y se protegió él para que yo no quedara embarazada.

Pero él no fue el primero ni el único, ni el último; la internet fue el puente más directo para conocer a los mil y un hombres, unos buenos, unos malos, así pude comparar y experimentar hasta con varios a la vez, buscando llenar todos los vacíos que en mi hogar no pude llenar.

Esas horas que me pasaba pegada a la computadora "estudiando" era hablando con hombres, hasta que caí en malas manos y me enfermé. No quiero dar lástima ni convertirme en una piltrafa humana, quiero ir al cielo o al infierno, pero estar en paz y no dándole problemas a ustedes y menos a ti que ya has sufrido tanto con el maltrato de mi papá. Sé que yo también te estoy haciendo sufrir, pero no dejes de vivir por mí, sigue adelante con tu gran obra en la selva y si es posible, se feliz con el padre John. No puedes negar el amor que sientes por él. Se te ve en los ojos y en la piel".

Tras este duro golpe, Marcela se olvida por completo del mundo y se sumerge en una depresión que casi acaba con su vida, hasta que el padre John, se va a Buenos Aires, cuando después de un mes sin saber de saber de Marcela llama a su casa y se entera de la muerte de su hija. Barbarita va a buscarlo en el aeropuerto y le pide a su amiga que se arregle un poco para recibirlo. Todos saben que la presencia de él es vital para la recuperación de Marcela.

Al llegar a la casa, John se encuentra con una Marcela muy delgada y triste. Apenas es la sombra de la bella mujer que vio en la selva por primera vez. Marcela con calma se levanta de la silla donde está sentada y al verlo ahí frente a ella lo abraza, lo besa y llora, pero ya casi sin lágrimas, porque se le acabaron de tanto llorar por su hija.

-John, mi amor, mi vida. Cuánta falta me has hecho.

John visiblemente conmovido, afectado y con lágrimas en los ojos, le dice que ahí está para más nunca separarse y consolarle de tanto sufrimiento.

Es así como John utiliza todos sus conocimientos de Psicología para poco a poco ir sacando a Marcela del hueco oscuro donde se encuentra y así al cabo de unos meses ella vuelve a sonreírle a la vida, a ganar algunos kilos y a dedicarse de nuevo a las actividades que siempre le gustaron.

Pasea con John por todo Buenos Aires y le hace probar algunas de las ricas comidas de su país: asado, perdices en escabeche, matambre al horno, pan campestre, empanadas salteñas....

CAPÍTULO 10
LA ENTREGA

John es demasiado feliz con Marcela a su lado y en ningún momento se arrepiente de la decisión que tomó al dejar la iglesia para dedicarse a ella, pero a pesar de ya tener tres meses viviendo bajo el mismo techo, John duerme en la habitación de huéspedes y no ha habido ningún contacto íntimo entre los dos.

Marcela aún se está recuperando y piensa que hacer algo con John es prematuro después de todo lo que ha sufrido y sufre aún, pero esta noche Marcela se acuerda de las pocas veces cuando en la selva, rodeados de naturaleza, se daban la libertad de besarse y acariciarse. Piensa en su masculina y ancha espalda y se despiertan en ella esos deseos que habían quedado dormidos durante tantos meses.

Cierra sus ojos y ve los de él, azules como el cielo, llenos de amor y de deseo. Se estremece y se enternece pensando en John, el que ya no es cura, el que solo es su amor, su hombre; y ella quiere ser su mujer y así agradecerle por todo lo que él ha hecho para ayudarla a recuperarse de tan duro golpe.

Va al cuarto de su hijo y al ver que está dormido le apaga la televisión y baja sin hacer ruido hasta donde, aun sin sueño, John piensa en ella. Marcela toca la puerta y él se asusta y se emociona porque con su mente la ha llamado y ella escuchó la voz de su corazón. John abre la puerta y sin decir una palabra, Marcela la cierra con llave y toma la cara de John entre sus manos para acercarla a la suya y darle un beso tan profundo, pero tan tierno a la vez, que John siente que el corazón se le derriten y que su pene empieza a crecer.

Han sido muchos los meses, los días y las horas esperando por este momento y John no sabe qué hacer, aunque piensa que, si Marcela apareció tan de repente, de madrugada y con esa actitud es que no vino precisamente a rezar.

John la carga como si fuese una muñequita de cristal, la acuesta en su cama y le besa la frente, la nariz y la boca. La sigue besando con sus labios, con su lengua y los dos se abrazan tan fuerte como para fundirse el uno dentro del otro. John le acaricia el cuello, los senos y le va quitando ese pijama de seda que lleva puesta.

-Ya no podía aguantar más, mi amor. Te necesito. Te deseo con todas las fuerzas de mi corazón- dice John.

Marcela lo desviste, le acaricia el pecho lleno completamente de vellos, hunde su cara y baja hasta el ombligo y desesperada de pasión lo pellizca, lo muerde, lo chupa y le pide que la haga mujer. John la penetra con fuerza, con deseo; entra y sale de su vagina una y otra vez, con mucha pasión y los dos al mismo tiempo alcanzan el cielo y ven la luna y las estrellas. Marcela llora y lo besa.

-Mi, John. Mi amor. ¡Cómo te amo! Cuantas ganas tuve siempre de ti, de tu cuerpo, de tu piel. Qué divino eres curita.

-Jajajajaja- John se ríe a carcajadas, feliz por lo que han hecho y después de amarse una y otra vez, los dos se quedan dormidos y abrazados, hasta que Marcela se despierta con el ruido que hace su hijo en la cocina.

-Oh, Dios mío. ¿Cómo pude quedarme dormida aquí? -susurra Marcela -Seguro que Marcelito ya se dio cuenta que no estoy en mi habitación y que la cama está arreglada. Bueno, "después de un buen gusto un buen susto" tendré que esperar aquí hasta que se vaya.

Al regresar en la noche, Marcelo saluda a su mamá con una sonrisa burlona y le dice al oído: -Viejita picarona. ¿Dónde dormiste anoche? - pero antes de darle tiempo a responder agrega: -Tranquila, que no me di cuenta de nada.

Marcela le mira los ojos a John, quien sintiendo vergüenza baja la mirada y se sonroja, pero sonríe sin el menor arrepentimiento por lo que sucedió entre ellos.

-Siéntate a comer hijito porque aparte de que te preparé tu comida favorita, tenemos una noticia que darte.

- ¿No me digas que se van a casar?

-Jajajajaja, no hijito. Es que nos vamos a regresar a Venezuela la semana que viene, así que aparte de cuidar a tu noviecita quedas a cargo de la casa también.

-Está muy bien, mami. No te preocupes. Creo que hasta me tendré que traer a mi noviecita a vivir aquí porque con tanto trabajo no tengo ni tiempo para ella; esto de reemplazar a mi papá me está sacando canas verdes.

En eso suena el teléfono y cuando Marcela contesta es nada más y nada menos que Gilbert, a quien hace esperar mientras sube a su habitación.

-Disculpa, Gil. Es que mi hijo estaba frente a mí y así no podía hablar.

- ¿Cómo estás Marcela? Llamé para ver si tenía suerte de encontrarte, pensé que ya te habías ido a la selva. ¿A caso ya no vas a volver?

-Sí, me regreso la semana que viene, pero pasó algo inesperado que me mantuvo aquí por más tiempo.

- ¿Y qué pasó?

Con voz entre cortada, Marcela le responde:

- Mi hija se murió.

-Oh, Darling, I'm very Sorry. Pero, ¿qué le ocurrió?

-Se enfermó de sida, Gilbert, y al saber de su enfermedad se suicidó.

-Oh, no. My God. No sabes cuánto lo lamento. No te imaginas las ganas que me dan de correr a tu lado a consolarte, aunque sea en la selva.

-No, no Gil. No estés inventando, yo creo que después de la linda experiencia que vivimos quedar como amigos es lo mejor, pero eso de vernos te complicaría tu vida y la mía también.

-No importa Marcela, yo fui muy grosero la última vez que hablamos, estaba demasiado herido, pero es que no puedo dejar de pensar en ti.

-Por favor, Gilbert. La verdad es que no estoy para declaraciones de amor ahora.

- ¿Acaso volviste con tu esposo?

- Eso sería lo último en la vida que haría. Ya mi divorcio está por salir y seré una mujer libre legalmente.

-Entonces, ¿cuál es el problema de que nos veamos?

-Tú eres el problema, Gil. Me imagino que aún sigues pegado a la falta de tu mujer. Si pudieras vivir sin ella ya ese matrimonio se hubiese acabado. Ya no estamos en edad nosotros para complicarnos la vida sino para disfrutarla.

-Pero es que para mí disfrutarla es tenerte a mi lado, darling.

-Claro, y a tu mujer también, ¿verdad? Pues no, Gilbert. Todo fue muy lindo entre nosotros. Esos seis meses en el Chat, el fin de semana en Miami, todo fue maravilloso, pero se acabó y hay que pasar esa página de nuestras vidas y escribir FIN.

- ¿Si te digo que estoy dispuesto a separarme?

-No, Gilbert. Definitivamente no te creo.

- ¿No me escuchaste Marcela? Estoy dispuesto a separarme.

-No lo hagas, Gilbert. Entiende que ya eso pasó, fue muy lindo, pero hace tiempo que pasó y no vale torturarnos. Además....

- ¿Además qué?

-Nada Gilbert, ya estoy haciendo mis maletas para irme. No creo que vuelva a regresar y no te imagino viviendo en la selva.

-Discúlpame por molestarte. Espero que te vaya bien y que seas feliz de misionera.

Yo siempre te voy a recordar cómo alguien muy especial y siempre te voy a esperar hasta cuando te decidas, ahí estaré yo.

-Yo tampoco me olvidaré de ti Gil, eso tenlo por seguro.

Al terminar la conversación, ya el hijo de Marcela no está y John espera sentado en un sillón de la sala, haciéndole creer que está leyendo el periódico.

- ¿Qué hace el curita más lindo de Canaima y sus alredededores? – pregunta Marcela.

- Ojeando el periódico un ratito. – respondió John, preguntando a su vez: - ¿Quién llamó?

-Ni te imaginas, el tipo de la internet.

- ¿Qué quería?

-Saludarme.

- ¿Y tú que le dijiste?

-Lo saludé.

- ¿En eso se pasaron una hora?

- ¡¿Una hora?!

-Entonces han debido estar muy buenos los saludos porque ni cuenta te diste.

-Ay, el curita me salió celoso. Ven acá para darte unos besitos y consolarte. No tienes que preocuparte, mi amor, ya eso pasó.

- ¿Y le hablaste de mí?

- De ti específicamente no, porque tú eres mi problema y no el de él. Lo de nosotros es "nuestro" y no le interesa a más nadie.

-Tienes razón, lo que pasa es que soy un jovencito sin mucha experiencia y no sé cómo son esas cosas de las parejas, pero a diferencia de ti, yo quisiera gritar mi amor a los cuatro vientos.

- ¿Alguna vez tú gritaste algún amor a los cuatro vientos?

-Jajajajaja, claro que si Marcelita. ¿Tú crees que estos ojitos y este pecho peludo le son indiferentes a las mujercitas? Además, yo no nací cura, ¿sabes?

-Pero qué engreído este padrecito. Lo que no me explico es cómo tomaste la decisión de hacerte cura con tantas mujeres asechándote y siendo tan lindas las venezolanas.

-Lo que pasa es que yo prácticamente nací en la selva y como podrás ver las indígenas no tienen nada que ver con las mujeronas que van al Miss Universo.

- Entonces, ¿te acostabas con las indiecitas?

-Caramba, pero que curiosa me salió la argentinita Jajajajaja.

-Pero responde, ¿es que te da vergüenza?

-No, de ninguna manera. Sí te voy a contar, para que no creas que fui un hombre sin lívido.

CAPÍTULO 11
LA PRIMERA EYACULACION DEL CURA

Cuando tenía como quince años, aún era como un niño y no sentía nada. Estaba paseando en una bicicleta con un amigo y de repente tuve una sensación extraña, pero placentera y cuando vengo a ver se me mojó el pantalón que traía puesto.

-Jajajajaja- Se ríe Marcela.

-Ah, no. Si te vas a burlar, no te cuento más nada.

-No, mi amor. Yo no me estoy burlando. Sigue, sigue. Anda.

-Pues el amigo que estaba conmigo me dice: - ¡Chamo, acabaste! - Yo no sabía de qué me hablaba y le pregunto muy inocentemente:

- ¿Acabé con qué? - Yo pensaba que había dañado la bicicleta o mis pantalones.

Marcela se cubre la boca y trata de contener la risa.

- Eyaculaste, chamo - me dijo mi amigo. - ¿Tú no sabes qué es eso? - Y por supuesto que yo no tenía ni idea de esa palabra, y mi amigo, dos años mayor que yo, me dijo que ahora tenía que buscarme una mujer y que él conocía a unas pocas que no eran de la zona, y que él con otros amigos se iban casi todas las noches a estar con ellas. Así que esa misma noche me animé a ver, porque lo menos que pensaba era que yo iba a hacer algo. Te cuento que las muchachas no eran ningunas niñitas sino mujeres ya de 25 o 30 años y les fascinaba estar con los pocos muchachitos que tampoco éramos indígenas y hasta con los turistas que venían solos y buscaban mujeres.

- ¿Entonces qué paso?

-Allá cada quien tenía una y cuando venía alguien más, pues se la compartían.

- ¿Cómo que se la compartían?

-Ellas estaban con uno y luego con otro, hasta que me tocó mi turno. Era una belleza de chica que me llevaba como diez centímetros y a mí me dio un susto muy grande porque jamás había visto a una mujer desnuda y menos sabía bien qué hacer. Por suerte mi amigo le avisó que yo era virgen y la muchacha hizo todo porque yo no me atrevía ni a tocarla.

-Pero tú también tuviste que hacer algo, me supongo. Al menos moverte. Jajajajaja.

-Claro, mi amigo ya me había enseñado algo, pero, aunque uno no sepa nada, ahí está la mujer y uno siente y la acaricia, pero a mí me daba vergüenza que ella pensara que yo le estaba faltando el respeto.

-Jajajajaja, como si una mujer que hace eso con varios hombres está preocupada de que le falten el respeto Jajajajaja que inocente. ¿Finalmente cómo terminó todo esto?

-Eso se volvió una obsesión para mí y casi todas las noches yo me iba sin mis amigos, pero a los diecisiete años me pasaron una enfermedad venérea y más nunca hice nada con ellas. Luego vino un padre misionero, me gustó la manera de él de tratar a la gente y cómo hablaba de Dios y nos hacía conocer la Biblia con palabras sencillas y ejemplos. Yo quise ser como él y al graduarme de bachiller me inscribí en el seminario.

Me mandaron a Caracas y cuando me recibí como sacerdote, me enviaron a Canaima porque yo lo pedí. También pasé un tiempo siendo Párroco en otros lugares, hasta que me regresaron a la selva, porque no mucha gente se adapta a esa vida y yo estaba acostumbrado. Además, me fascina vivir allá.

-A mí también, padre John. Jamás vi paisajes tan lindos ni gente tan buena como en Canaima. Tal vez te hiciste cura porque te acostumbraste a vivir en un paraíso.

-Aún más desde que te conocí a ti, Marcela de mi vida. Ahora mi paraíso es Buenos Aires y tu casa porque aquí he pasado los momentos más felices de mi vida.

-Me vas a decir cómo aguantaste diez años de celibato si con sólo verme ahorita y besarme quieres enseguida hacer el amor.

-Jajajajaja, con mucho sacrificio, ejercicio y rezando, por supuesto.

-No sé si creerte, mi estimado sacerdote. Pero mientras me explicas con más detalles tu sacrificio, creo que deberías disfrutar un poquito de tu nueva vida, de tu mujer y de este cuerpo que tanto te desea.

-Pero que conste que lo voy a hacer por complacerte a ti.

-Jajajajajajaja- se ríen los dos a la vez y de nuevo se entregan a un torbellino de besos, caricias y de una profunda pasión que les llena completamente el alma y el corazón. Mientras todo esto sucede, Marcela escucha que un carro se estaciona frente a su casa y es Sergio.

- ¡Oh, Dios mío! ¡Mi esposo! Por favor vete un momento a la habitación.

Marcela abre la puerta y encuentra a un hombre acabado y flaco a quien hasta enfermo se le ve. Ella se compadece y toma una actitud diferente a la que tuvo las últimas veces.

- ¿Qué te pasa Sergio? ¿Estás enfermo?

- ¿Puedo entrar?

- Sí, sí. Claro. Pasa adelante.

-Disculpa que vine sin avisarte, pero necesitaba verte. Estoy destrozado, aun no acepto que mi hija se haya suicidado.

En ese momento Marcela pierde la compostura y comienza a llorar desesperadamente y abraza a Sergio. Hasta ahora ella había tomado la actitud de esposa irrespetada y no había propiciado ningún encuentro entre ella y él como padres. Al fin y al cabo, la hija era de los dos y ese sufrimiento es compartido, algo aparte de lo que sucedió con su matrimonio.

-Yo me siento tan culpable, tan mal padre, pero es que no era fácil acercarme a Silvia. A mí me acostumbraron a ver a una hija como la reinita de la casa y tratarla así, guardándola en un cofre de cristal para que nadie la tocara ni la dañara, pero qué equivocado estaba creyendo que mi manera de actuar era la mejor.

-Yo siento igual que tú, Sergio. Fue terrible esa educación de antes donde las mujeres éramos sólo un cero a la izquierda y esa concepción de que si una salía embarazada, era la vergüenza más grande para la familia. Siempre el "qué dirán" por encima de cualquier cosa, incluso de la felicidad. ¿Te acuerdas lo que te conté de mi primer novio, cuando me dejó el transporte del colegio y mi papá me acusó de que yo estaba con él y que por eso llegué caminando a la casa?

-Claro, cómo olvidarlo. Si parece que ese rencor te ha acompañado a lo largo de tu vida desde que tenías 16 años.

-Pues claro, porque yo siempre fue tan sumisa y respetuosa que me dolió demasiado que me culpara sin averiguar primero lo que me sucedió, pero lo que más me molestó es que yo le dije que se viniera conmigo al colegio para que supiera la razón por la cual me dejó el transporte y cuando llegamos allá, él con su cara tan lavada le dijo a la monja que fue al colegio para reclamar que no me dejaran salir sola y que él confiaba mucho en mi como para pensar mal. Jajajajaja, pero quedó en ridículo porque yo estaba tan furiosa que al día siguiente le conté a la monja todo lo que había sucedido que no fue como él se lo contó a ella. Pero al final copié su idea de que "la apariencia es lo más importante" y así retuve también a mi hija en la casa, aguanté tus aventuras, escondí mis lágrimas y me la pasé haciendo dietas para verme bella. ¡Maldita apariencia!

Entonces cambiaron los roles y el que vino a buscar consuelo terminó consolando. John al ver por la rendija de la puerta, escondido, observa como Sergio abraza a Marcela y ella llora amargamente, pero desde donde está no puede escuchar lo que hablan porque toda esta conversación se está llevando casi en secreto, ya que ninguno de los dos tiene fuerza para gritar.

John no sabe ni qué pensar: - ¿Es eso una reconciliación? ¿Por qué se abrazan de esa manera como si fuesen marido y mujer?

Pero John es un caballero y mientras Marcela no pida auxilio él se mantendrá detrás de la puerta intentando escuchar algo de la conversación. Pasa media hora y ellos continúan hablando, llorando, abrazándose, pero John pierde la paciencia y decide hacerse notar porque después de la conversación de una hora con el tipo de la internet, no le agrada mucho la idea de pasar media hora más escondido. Así que decide hacer un café.

Sergio muy extrañado le pregunta a Marcela quien está en la cocina. Ella no sabe ni qué responder porque no tiene ni idea de cómo presentarlo ante quien aún es su esposo.

- ¡Ah! Es el padre John, vino de Venezuela unos días cuando se enteró de la muerte de Silvia.

- ¿Es cura?

- Si, él trabaja conmigo en Canaima. Es el párroco de allá.

-Sergio se levanta y va a la cocina a conocer a John.

- Mucho gusto, padre John. Yo soy el esposo de Marcela.

-Sergio, él sabe que llevamos un año separados y que pronto estará listo el divorcio.

-Mucho gusto señor Sergio, mi sentido pésame por su hija. Lo siento mucho. ¿Desea un café?

-No, no muchas gracias. Ya me voy. Sólo vine por un momento. Hasta luego.

Sergio se va y cuando Marcela hace el intento de acompañarlo a la puerta le dice:

-No te preocupes, quédate tomando el café con el padre John que yo me sé el camino.

- ¿Entonces sigo siendo el padre John? - pregunta él, ofendido.

-Disculpa, mi amor, pero este no es el momento de estar dando explicaciones.

- ¿Cuándo las vas a dar?

-Nunca John. Lo único que me queda de él es un hijo, no es mi deber darle explicaciones a ese señor sobre mi vida, que es mía y de nadie más.

- Te equivocas, es mía también ahora. ¿O no?

-Claro que sí, mi vida. Toda tuya hasta que me aguantes. ¿No te has puesto a pensar que en poco tiempo voy a hacer una vieja achacosa y además mañosa?

-No importa, viejita. Te voy a cuidar mucho y a consentir, pero me vas a dar mi pago por eso, ¿verdad?

-Si no me rompes los huesos cuando me de osteoporosis, por supuesto que estoy dispuesta a darte todo lo que quieras y necesites. Si quieres un adelanto ahora mismo también te lo doy como pago rápido y seguro. Jajajajaja.

Después de esta escena de amor, Marcela y John se preparan para irse de regreso a Canaima. Ya John no es sacerdote, cosa en la cual Marcela no había pensado aun y en el avión, casi llegando a la selva, ella le pregunta:

-Padre John, ¿en qué se supone que usted va a trabajar ahora que no es sacerdote? ¿O es que nos vamos a gastar la plata que está en la maleta y es para los pobres? Porque yo no sé si al llegar tendré mi trabajo de nuevo.

-No tienes nada de qué preocuparte, Marcela de mi vida. Con tanto lío ni habíamos hablado de eso, pero espera a que lleguemos y así te doy la sorpresa. Lo más importante es que estamos juntos y somos felices.

Al llegar al campamento John le cierra los ojos a Marcela y la coloca delante de su nuevo negocio: *"Agencia de Viajes y Turismo La Madre Marcela"*. Cuando ella abre los ojos y ve el letrero se ríe y pregunta:

- ¿Qué es esto?

-Te explico, mi amor. A raíz de que dejé de ser sacerdote hice esta agencia con mi hermano para atender a los venezolanos y extranjeros ofreciéndoles un tour diferente a los demás que dan las otras agencias de viaje, pero después te explico mejor para que entres y la conozcas.

Esta no es la única sorpresa de John para Marcela, él mandó a arreglar una casita que era de sus padres con todas las comodidades de la ciudad y la decoró con paisajes de Argentina y un letrero en la puerta donde dice: *"Este es el nido de amor de Marcela y John"*.

- ¡Oh, John! ¿Qué más le puedo pedir a la vida? Esto es mucho más de lo que yo imaginaba.

-Pero menos de lo que te mereces, esto es sólo el principio de lo felices que vamos a ser aquí juntos. Lo único que deseo es que salga tu divorcio y poder celebrar nuestro matrimonio. Ya quiero botar la casa por la ventana y hacer la fiesta más bella que jamás vas a olvidar.

Al escuchar la palabra "matrimonio" Marcela arruga el ceño y le dice a John que no acelere los acontecimientos porque primero hay que vivir el presente para pensar después en el futuro.

CAPÍTULO 12
LAS VISITAS DE GILBERT Y
BARBARITA

Una semana después de que Marcela y John llegan a Canaima, ella recibe un telegrama de Gilbert donde le avisa que al día siguiente está allí para acompañarla unos días.

- ¡Oh, Dios mío! ¡No puede ser!

- ¿Qué pasó? - pregunta John preocupado.

-Gilbert está en camino para acá.

– ¿Quién es Gilbert?

-El tipo de la internet.

- ¿Ves? eso te está pasando por no decirle nada acerca de mí.

-Qué problema- agrega Marcela.

Se pone las manos en la cabeza y comienza a caminar de un lado a otro.

- ¿Y ahora qué vas a hacer? ¿Hospedar al tipo en nuestra casa?

-No, ¿cómo se te ocurre? No me queda más remedio que contarle todo y me supongo que enseguida se irá.

Esa noche Marcela no puede dormir, se levanta de su cama, se hace un tilo para tranquilizarse y sale de la casa. Bajo la profunda oscuridad de la selva venezolana, una decena de estrellas y la luna llena, alumbran la noche. Marcela camina y se estremece al pensar en que va a ver a Gilbert y habla sola, como acostumbra a hacerlo en momentos de angustia.

-Pero Gilbert, ¿por qué tuviste que decidir algo así sin consultarlo conmigo? - Tú no sabes qué hago yo aquí o con quién estoy. Lo peor es que quisiera que John no existiera o que no estuviera cuando tú vengas para llevarte a conocer toda esta selva tan hermosa y recorrer contigo cada rincón, cada montaña, para disfrutar juntos este paraíso. Pero no puedo. Imagínate, John deja de ser cura por mí. ¿Cómo le voy a pagar? ¿Paseando contigo por la selva? ¡Qué lindo! Eso es lo que me provoca Gilbert de mi vida. Qué mala suerte que aparezcas ahora. Mejor me voy a dormir porque no quiero que me veas fea mañana.

Aún nos son las 6:00 de la mañana y Marcela ya está debajo de la ducha. Sale corriendo, se seca, se viste y va a la cocina a preparar el desayuno para John, quien se despierta al oír el ruido.

- ¿Qué haces tú despierta tan temprano?

-Haciéndote el desayuno. Acuérdate que la avioneta que viene de Caracas llega a las 7:00.

-Ah, verdad que anoche ni pudiste dormir pensando en la llegada del tipo ese. Entonces, ¿no vas a trabajar hoy?

-Claro que no. Entiende que estoy metida en tremendo problema y sólo yo lo tengo que solucionar.

-Sí, me supongo.

-Bueno, aquí te dejo todo listo ya. Me voy a vestir porque son un cuarto para las 7:00 y ya Gilbert va a llegar.

-Uy, qué nervios. El Príncipe azul va a llegar y tú no estás allá.

Marcela corre a su habitación y escoge la ropa más linda que tiene. Se maquilla muy suavemente, pero con un toque especial que le ilumina la cara, aunque es tanta su alegría que aparte de que no la puede ocultar llena su rostro de emoción y nerviosismo.

Le da un beso a John, se sube a la camioneta de la compañía y llega a las 7:05, en el preciso instante cuando Gilbert se está bajando de la avioneta. Marcela intenta mantenerse tranquila y no mostrar la alegría que le embarga, ya que todas las personas del aeropuerto saben que ella es "la mujer del cura".

¡Marcela, my darling!

Gilbert sonríe de felicidad y corre a los brazos de ella, quien lo saluda de manera muy educada, pero sin mostrar la felicidad que ella también siente. Él, al darse cuenta de su actitud, se siente incómodo y la sonrisa de su cara desaparece en un instante.

-Marcela de mi vida. ¿Qué te pasa, por qué me saludas así?

-Gilbert, discúlpame. Hubiese querido darte un fuerte abrazo y un rico y largo beso, pero es que tomaste una decisión sin consultarme y no es que no estoy feliz de verte, sino que hay algo que tú no sabes y es que yo vivo aquí con alguien.

Gilbert suelta su maleta, se pone las manos en la cintura y se para frente a Marcela en actitud de macho ofendido.

-Mi amor, no te pongas así que yo me estoy muriendo por no poder ni tocarte. Vamos a sentarnos y a hablar. Déjame que te explique.

- ¿Qué es lo que tienes que explicarme? ¿Que soy un tonto? ¿Un estúpido que me enamoré solo y que tú hiciste tu vida y no tuviste la amabilidad de avisarme nada la última vez que hablamos?

-Es que yo no pensé que tú ibas a aparecerte así, sin avisar- Te dije que mantuviéramos una amistad y en eso quedamos.

-Pero no me dijiste que había alguien, Marcela. ¿Por qué?

-Para que no te sintieras mal. Cuando yo llegué aquí vine en busca de mi paz, esa que perdí al enamorarme de ti; por cosas del destino conocí a alguien y empecé a quererlo sin darme cuenta y admirarlo por todo lo que hacía aquí para el bien de los demás. Así día tras día, trabajando juntos nos gustamos y sin embargo yo no me permití estar con él hasta que me regresé a Buenos Aires y después de la muerte de mi hija, él se enteró y me fue a buscar. Me apoyé en él, me recuperé con sus cuidados y su dedicación.

Así que no me reclames, tú eso no podías hacerlo porque aun estás casado y como te lo dije: sigues bajo las faldas de esa mujer y no decides ser feliz dándote la oportunidad de no vivir más con ella.

- ¿Por qué crees que estoy aquí? Yo no vine escapado, le dije a ella que no soporto vivir más en este matrimonio que me tiene ahogado y vine a llevarte conmigo. Pero qué mala suerte, llegué tarde y ahora vuelves a ser ajena.

Marcela desea abrazar a Gilbert y aceptar su oferta, pero piensa en todo lo que John dejó por ella y en lo bien que los dos se llevan.

-Gil, no quiero entrar en detalles de mi vida privada. Pero no sé qué va a pasar con esta relación. No sé si este hombre va a estar conmigo el resto de mi vida o si en un mes o un año esto se va a acabar. Después de ese matrimonio del cual salí, cualquier cosa puede suceder. No me he vuelto a casar legalmente y no lo voy a hacer hasta que no me sienta segura de que esto verdaderamente va a funcionar.

- Entonces, ¿lo que tú me estás diciendo es que sea yo el que espere ahora?

-No. No, Gil. De ninguna manera. No puedo someterte a eso, pero tampoco puedo cerrarte las puertas porque aún hay una parte de mi corazón que te extraña y te necesita.

-Jajajajaja qué fácil, ¿no? Tú haces la vida con otro y quieres que yo esté "por ahí", por si te va mal.

- ¿Acaso tú no estabas haciendo eso? No entiendas las cosas como no son. Esa manera de expresarte sólo deja ver que no te quieres a ti mismo ni te valoras. No te menos precies Gil, no es justo para ti mismo porque tú eres un hombre maravilloso y un ser humano especial.

-Con eso no voy a poder tenerte, así que me regreso ya porque no tengo nada que hacer aquí.

-Discúlpame, Gil. Ahora soy yo la cobarde de dejar a alguien por ti, pero te aseguro que si hubiese sido otra la situación, no hubiese dudado en irme contigo después de hacerte vivir otros días maravillosos en este lindo lugar. Es una lástima que te tengas que ir.

-No, Marcela. Discúlpame tú a mí por no avisarte antes de venir. Me comporté como un adolescente desbocado.

Así Gilbert se regresa a su país y Marcela se va con John a trabajar en su agencia de viajes.

- ¿Qué pasó con el tipo que llegaste tan rápido?

-Nada, le conté todo y él enseguida se regresó en la misma avioneta donde llegó que aún no se había ido.

- ¡Qué lástima! Yo pensé que se quedaría unos días aquí con nosotros.

-Por favor, John. Deja la ironía y olvidémonos de este asunto.

Así siguieron los días de felicidad y al cabo de una semana llegó otro telegrama para Marcela. Ella se asusta pensando que de nuevo es Gilbert, pero esta vez es su amiga Barbarita quien le dice que necesita pasar unos días con ella para hablar de un problema que se presentó con su esposo.

Marcela se extraña y le dice a John:

-Es Barbarita. Viene porque dice que tuvo un problema con su esposo. No tengo ni idea de qué puede pasar de malo con él. Soy testigo de que Ángel y Barbarita son la pareja más feliz que he conocido. ¿Qué habrá sucedido? Él es como su nombre, un ángel. No te imaginas lo buen padre que ha sido. Siempre se despertaba en la madrugada a ayudar a Barbarita con los bebés. Ella se dormía amamantándolos y era él quien tenía que sacarle los gases y cambiarlos de pecho. Pero no sólo eso, nunca quiso que un transporte llevara a los niños al colegio, él lo hacía y en el camino los ponía a rezar el Padre Nuestro para que Dios los protegiera mientras estaban fuera de la casa. Los ayudaba con las tareas y hasta cocina como un chef.

-Entonces debe ser malísimo en la cama.

-Él siempre decía que su mejor momento era en la mañana. Barbarita nunca se quejó y hasta decía que lo tiene bien grande.

- ¿Qué cosa?

-Tú sabes qué.

-Jajajajaja. Sabes que me he dado cuenta que tú aún me tratas como si yo fuese un cura porque nunca le dices a los genitales por su nombre.

-No es por eso, mi amor. Es que así me criaron a mí; todo era un tabú. Decir pene, vagina o senos eran las groserías más feas y hablar de relaciones sexuales peor aún.

-Sí, te entiendo. Aunque yo tengo diez años menos que tú, mis padres nunca hacían referencia a eso tampoco. Por eso cuando me desarrollé no tenía ni idea de lo que estaba pasando y cuando le conté a mi papá lo que me sucedió en la bicicleta, él lo que hizo fue felicitarme y decirme que tenía que "cogerme cuanto culo se me atravesar por delante". ¿Te imaginas que concepción tan fea de la mujer? Él era muy machista, con la mente de un típico hombre venezolano. No sabía ni freír un huevo y jamás le cambió un pañal a ninguno de los hijos.

Mi pobre madre tuvo siete. Se partió el lomo junto con mi abuela para cuidarnos a todos. Incluso en los momentos en los que mi mamá estaba más ocupada, ella cuenta que mi papá iba con algunos de nosotros cargado a donde ella estaba y le preguntaba cuándo iba a terminar porque ese niño no lo dejaba ver la televisión.

-Qué terrible. Pienso de eso es que todo es culpa de la madre que lo crió porque no le enseñó a respetar a las mujeres ni a ayudar en el hogar.

-Sí, mi papá era un patán y mi abuela siempre lo consintió demasiado. Mi mamá se quejaba con ella y le decía que tenía que cuidar a "su hijito" como ella lo cuidó. Fíjate que las pagó porque el que la hace en esta vida aquí mismo la paga. Mi papá nos dejó a todos por una niña treinta años menor que él. La mujer hizo que le comprara una casa y la puso a su nombre. Él se gastó todo el dinero que tenía en eso y como ella salió embarazada siendo menor de edad, lo denunció por abuso de menores y al viejo lo metieron preso por cinco años. Cuando salió de la cárcel buscó a mi mamá y ella "le pintó una paloma" ¿Sabes qué es eso?

Marcela riendo le dijo que se imaginaba la señal del dedo.

-Pues, sí. Al final mi papá se tuvo que ir a vivir arrimado a casa de un hermano y se murió de la depresión que le dio.

-Yo en cambio tuve un papá muy bueno y cariñoso, pero tampoco sabía cocinar ni un huevo frito y hasta el agua se le quemaba Jajajajaja. Lo más lindo que recuerdo es que cuando mi hermano mayor y yo éramos pequeños, después de comer, nos acostábamos los tres en la cama y ahí nos hacía muchos cariños y nos daba besos hasta que nos dormíamos. Yo lo quería tanto que cuando él tomaba de un vaso, veía donde había tomado, se lo quitaba de las manos y colocaba mis labios donde él había puesto los suyos para tomar ahí como él. Eso me daba mucha felicidad hacerlo.

Volviendo a lo del esposo de Barbarita, ese tipo es lo máximo. Me acuerdo que cuando íbamos a su casa él se complacía en atendernos; preparaba comiditas ligeras para merendar, hacía jugos, sacaba chocolates importados que guardaba sólo para las visitas y lo mejor era cuando se ponía a contar chistes imitando a los diferentes dialectos de España o a los italianos y portugueses. Eso era un espectáculo que él hacía y casi nos orinábamos de la risa con lo cómico que imitaba a los viejitos porque se contorsionaba como si tuviera reumatismo.

Qué lástima, la verdad es que "uno nunca sabe las goteras de la casa de cada quien". Me preocupa mucho mi amiga. Yo se lo feliz que ha sido y que se venga porque tuvo un problema con Ángel, es algo demasiado grave que está sucediendo con ellos.

La duda llegó a su fin al día siguiente porque en el primer vuelo a Canaima, Barbarita salió en busca del hombro de Marcela. Al bajar de la avioneta, Barbarita corre a los brazos de su amiga y sin poder controlarse llora amargamente.

-Amiga mía, cálmate aquí estoy yo para consolarte. Ven, vamos rápido a la casa que John y yo te preparamos un rico desayuno venezolano.

En el camino del aeropuerto a la casa de Marcela, Barbarita no dice ni una sola palabra. Su mirada está perdida, sus ojos hinchados y unas ojeras que demuestran días de llanto y de falta de sueño. Al llegar ya John tiene la mesa lista y el olor a café impregna toda la casa.

Barbarita tarta de controlarse y le dice a John:

- Que buen recibimiento y que rico olor, ya me habían dicho que el café venezolano es uno de los mejores del mundo.

-El chocolate también Barbarita, bienvenida.

-Gracias, John. Está muy linda tu mesa y el desayuno se ve exquisito. Después de tres días sin comer, creo que se me abrió el apetito.

John besa y abraza a Barbarita y la invita a sentarse para explicarle en qué consiste la comida típica de Venezuela.

-Antes que nada, tengo que decirte que ya tu amiga es una experta cocinera de toda la comida de mi país, pero esta vez sólo me ayudó a mechar la carne. El desayuno criollo lleva arepas, hechas con harina de maíz, carne mechada, caraotas negras (o frijoles negros para el resto de Latinoamérica) y perico que es un revoltillo de huevo con cebolla y tomate. Todo esto aderezado con el mejor condimento que es el amor, porque sin eso la comida no sabría a nada, aunque le eches sal.

-Entonces no voy a perder un segundo más. Esta comida hecha con amor está haciendo que la boca se me haga agua.

A pesar de la tristeza que embarga a Barbarita, este gran recibimiento y el color de la comida le abre el apetito. Cuando terminan el desayuno, John se levanta de la mesa y se despide.

-Señoritas, como tengo que irme a trabajar. Las dejo solas para que conversen y no se preocupen por el almuerzo que una señora de acá va a hacer un plato típico que nosotros no sabemos preparar y como supo que Barbarita venía, ofreció hacerlo para que ella lo pruebe.

Así Marcela y Barbarita quedan solas y esta última comienza a llorar otra vez.

- Bueno, creo que ya es hora de que te saques de adentro todo eso que te está haciendo sufrir tanto.

-Ay, amiga. Tú no te imaginas esto tan terrible que me está sucediendo- Es una pesadilla que aún no puedo entender.

-Si es que tu fiel esposo tiene una mujer, seguro que te entiendo perfectamente.

-No, peor que eso. Tiene un hombre.

- ¡Ah! Dios mío, no puede ser.

Marcela se acerca a su amiga y la abraza muy fuerte mientras ella llora porque se siente desesperada.

-Cálmate y dime cómo descubriste eso.

-Sin saber que Ángel estaba hablando por teléfono, levanté el auricular y escuché que del otro lado estaba un hombre conversando con él. Tal parece que ni se dieron cuenta de que alcé el teléfono porque escuché la palabra "mi amor"; ya iba a colgar pensando que era mi hija hablando con su novio, pero de repente escuché la voz de Ángel.

Me extrañó que fuese él y me quedé escuchando. Ahí oí claramente cuando le decía que también lo amaba y que nunca lo va a dejar. No podía creer lo que estaba oyendo, pero contuve mi furia y seguí escuchando atentamente. Ellos estaban planeando un viaje a la playa y como trabajan juntos, la mentira que me iban a inventar era que ese fin de semana se iban a ver unos terrenos para averiguar si eran aptos para construir un centro comercial. Yo no podía colgar porque se iban a dar cuenta de que los escuché, así que tuve que esperar que terminaran de hablar para que ellos colgaran primero. Y fue terrible porque entraron en detalles como….

Barbarita tiene que parar porque se le hace un nudo en la garganta que no la deja seguir hablando. Marcela le pasa la mano por la cabeza, le acaricia los hombros y le pide que se calme y que si quiere puede continuar después.

-No, no Marcela. Yo tengo que sacarme todo este veneno de adentro porque si no lo hago me voy a morir… Ángel le decía:

- "Me voy a comprar una tanga esta vez para que disfrutes de mis nalguitas"- y el otro le contestaba:

- "Si me haces eso no voy a poder controlarme y se me va a parar delante de todos en la playa".

- "No te preocupes que yo voy a saciar todas tus ganas y te lo voy a bajar, chupándotelo una y otra vez" - le contestaba Ángel.

Por suerte parece que uno de los niños entró a la habitación y él trancó el teléfono abruptamente. Yo no sabía cuántas cochinadas más iba a poder oír sin explotar y subir a la habitación a matarlo. Tuve que hacer malabarismos para disimular todo el asco y el odio que de repente nació en mí y preferí quedarme callada, y dejar que él hiciera todo lo que tenía pensado para yo perseguirlo y dejarlo llegar hasta donde iba para enfrentarme a los dos.

Así lo hice. Subí a la habitación, le dije que me sentía demasiado cansada y quería ver televisión, que se saliera y fuese a verla a la sala. Ahora me imagino que eso fue un alivio para él después de la asquerosa conversación que tuvieron. Ya hacía como tres semanas que no hacíamos nada y él tal vez creería que yo se lo iba a pedir.

Ahora entiendo por qué el desgraciado ese podía pasar un mes sin tocarme un pelo y cuando yo lo buscaba ya desesperada, me decía que estaba cansado y que le dolía la cabeza. Imagínate, yo viví en carne propia lo que normalmente les hacen las mujeres a los hombres. Lo peor es que no podía ni reclamarle porque él llegaba a la casa del trabajo, me decía que me quedara viendo TV o acostada y cada noche me hacía una cena diferente y deliciosa.

También atendía a los niños, jugaba con los más pequeños, les revisaba las tareas a los más grandes y al final, antes de irnos a la cama, se empeñaba en que todos se durmieran con nosotros. Me imagino que para eso compró una cama king size, así cabríamos todos y él podría tener excusas para no hacer nada. Siempre me decía que los niños crecen muy rápido y que había que disfrutarlos al máximo porque en un abrir y cerrar de ojos ya se iban con sus novios o novias. Me da vergüenza decirlo, pero más de una vez o casi siempre me tocó masturbarme en la ducha porque él siempre hizo todo perfecto y yo pensaba que simplemente no era un hombre fogoso como yo.

Como no tenía manera de compararlo con otro, cómo podía yo saber que hay parejas que hacen el amor todos los días incluso.

- ¿Por qué no me preguntaste a mí, Barbarita?

- ¿Cómo? ¿Qué sabía yo de nada para pensar que lo que pasaba con el marico ese era normal o anormal? Además, en qué momento de nuestra educación tan llena de tabúes nos enseñaron a hablar de sexo abiertamente.

Tienes razón, amiga. Por eso tú siempre fuiste tan feliz. Qué más podías pedirle a la vida si Ángel era el hombre perfecto.

-Era, Marcela. Era. Ahora para mi es el hombre más diabólico y asqueroso del mundo.

-Sigue contando qué pasó- Le interrumpió Marcela.

-Ah, sí. Como tres días después de la llamada me vino con el cuento tal cual como yo lo había escuchado. Le dije que estaba bien. Él me besó y me abrazó como siempre con mucho cariño, pero esta vez sentí un asco terrible y una hipocresía muy grande de su parte.

Llegó el día y yo dejé un bolso en mi carro para salir de madrugada detrás de él. Se iba para Mar del Plata, así que no podía regresarme el mismo día y aparté una habitación al lado del hotel donde ellos iban. Le dije a mi mamá que se quedara con los niños porque yo iba a darle una sorpresa a Ángel en su trabajo. Algunas veces le daba sorpresas, así que nadie se extrañó que lo hiciera esta vez.

Ahora me pregunto cómo no lo agarré nunca en nada. Aunque pensándolo bien, él siempre andaba con ese amigo. Cómo iba yo a sospechar que andaba en algo incorrecto…Sigo con la historia de horror… Para no hacer tan largo el cuento me fui detrás de él, lo vi buscando al tipo y se fueron directo al hotel. Continué siguiéndolos y me fijé con quién hablaban. Cuándo se fueron me acerqué al hombre de la recepción y le dije que me diera el número de la habitación que le iba a dar una sorpresa a mi esposo que acababa de subir con su hermano.

Esperé unos minutos hasta que se acomodaran y subí a pegar mi oído en la puerta para escucharlos. Quise de una vez tocar la puerta y decirles que ya sabía todo, pero preferí agarrarlos infraganti y cortarles el momento tan planeado. Así que cuando comencé a escuchar ruidos de la cochinada que estaban haciendo, toqué.

Ángel preguntó quién era y como yo no conteste, sino que seguí tocando, se asomó por el ojo mágico y cuando me vio no le quedó más remedio que abrir. Quise mantener la compostura, pero no pude, a la vez que le gritaba y lloraba le caí a cachetadas, patadas, mordiscos, golpes y él se dejó hacer todo.

El marico de su amante no sé en qué momento desapareció, pero enseguida llegaron los de seguridad del hotel. Yo misma les abrí la puerta y les dije que me disculparan, pero que se imaginaran qué puede sentir una mujer cuando su marido la engaña con un hombre.

Los vigilantes no articularon palabra y me pidieron disculpas por la interrupción, no supe qué más pasó después porque me fui y lo dejé solo con los vigilantes. Pero imagino la vergüenza de Ángel con ese tremendo cuerpote, delante de esos otros hombres.

Supongo que ellos después se habrán burlado de lo lindo.

- ¿Qué hiciste cuando saliste del hotel?

-Me fui al hotel de al lado y me quedé dormida después de estar como dos horas llorando. Cuando me desperté era de noche. Llamé a mi mamá para que me preparara la maleta para venirme y ya Ángel estaba allá.

Sentí demasiado nerviosa a mi mamá y me preguntó dónde estaba yo. Le dije que le pidiera explicaciones a él, que yo al regresar hablaría con los niños. Cuando llegué a buscar la maleta, ya los niños sabían y estaban con los ojos rojos de llorar. Los abracé y les dije que me perdonaran y me entendieran por irme un tiempo contigo. Ellos me apoyaron.

Y aquí estoy, dándole tiempo a ese miserable a que decida qué va a hacer. Pero yo no quiero verlo más nunca. Pobres hijos míos teniendo que enfrentar algo tan horrible, pero él tendrá que aguantarse todo el sufrimiento que él mismo nos está causando a todos.

Además, no hay manera de disfrazar algo como esto. Espero que él no les diga que fue con una mujer lo que sucedió porque yo no les voy a mentir a mis hijos. Ya están lo suficientemente grandes para vivir por primera vez un problema. La vida que hemos tenido en esta familia ha sido perfecta, pero todo se derrumbó por culpa de ese desgraciado.

- ¡Ay, Amiga! Si te pones a analizar lo que nos ha pasado a nosotras, te darás cuenta de que ya el matrimonio no es la base de la sociedad y si aún lo es, por eso es que cada vez las cosas están peores en el mundo: más delincuencia, menos respeto, no se cumplen las leyes, hay corrupción porque en el hogar todo se hace mal. Tanto los hombres como las mujeres ya no entienden que en el hogar es donde se planta la semilla para tener buenos árboles en el futuro.

Fíjate el caso de mi prima Carolina: ella se enamora de un muchacho cuatro años más joven, pasan varios años de novios y él la deja. Enseguida se busca un novio para sacarse el despecho y en menos de un mes sale embarazada. Este también la abandona y regresa el ex novio a acompañarla en el parto. Pasan otro tiempo juntos, pero el joven la vuelve a dejar.

Con esa bebé pequeña, se buscó otro que sí se casó y le dio el apellido a la niña. Pero como no lo amaba, sino que lo usó como una solución para darle un hogar a su hija, aparece un antiguo novio de la universidad y ya ella está con otra hija del hombre con quien se casó. Pero igual lo dejó por el antiguo novio.

Se casan, están juntos unos años, pero las niñas se llevan malísimo con el padrastro que no las quiere y todo se acaba. Ahora está mi prima más sola que el número uno por no pensar bien y hacer las cosas por despecho.

- ¿Qué me dices de María Graciela? Ella se engañaba a ella misma diciendo que su matrimonio era "lo máximo" y se la pasaba sola para todas partes sin el esposo. Cuando él la acompañaba, lo que hacía era ponerse a mirar a las amigas de ella de abajo a arriba y de arriba a abajo. Como María Graciela no ve o se hace la ciega, nosotras no le decimos nada y al final, se separa. Después cuenta todo el infierno que vivió con el tipo que era un patán y hasta dice que tenía que dormir en el mueble de la sala porque él no la dejaba dormir con los ronquidos y que su tiempo libre no era para compartirlo con su familia sino para jugar a los caballos.

- ¿Y yo? Imagínate, con un esposo que me fue infiel, hasta tal vez en la segunda luna de miel- agrega Marcela.

-Ni hablar de Patricia. Se casa con el hombre perfecto: el galán empresario con mil post grados. Cultísimo. Tienen una fiesta de bodas lujosísima y con la mejor orquesta del país y se divorcian al mes porque al tipo le dio una depresión horrible y no soportó el matrimonio. Además, sólo quería a su mamá y que ella lo tratara como a un hijito.

-Jajajajaja - se ríen las dos a la vez.

-Ahora tú con este lío. El mejor matrimonio, el mejor hombre, la única familia verdaderamente perfecta y feliz y todo es mentira. Una máscara completa el tipo. Al final parece que lo mejor es mantenerse soltera como Noelia.

-Aún queda Inés que, aunque con sus altas y bajas, conserva el matrimonio y ha sabido resolver sus problemas y seguir adelante.

-Si hacemos un resumen de lo que son las parejas y los matrimonios que tenemos alrededor, lo que puedo sacar como conclusión es que los hombres son una porquería y a veces las mujeres también. No comentamos el caso de Nancy que tiene al pobre esposo como si fuera un muñeco de trapo: no lo atiende, no le hace cariño, lo ridiculiza delante de todos los demás y el pendejo se las aguanta todas.

-Lo único que se me ocurre es pensar que la tipa se transforma en una prostituta cuando está en la cama porque esa es la única explicación que yo le veo para que el pobre hombre siga casado con la serpiente venenosa esa.

-Jajajajaja- se ríe Barbarita y agrega - Si alguien te oyera no creería jamás que estás hablando de una amiga.

-Es que yo no me estoy refiriendo a ella como amiga, porque en ese aspecto es maravillosa y no me puedo quejar, pero ya se lo he dicho bastante. Se pasa de serpiente tratando a ese hombre así y que el día menos pensado el pobrecito va a explotar y la va a dejar abandonada y sola.

-Es verdad. Yo también la he aconsejado y ella dice que no lo trata tan mal. Que a él le gusta que lo traten así.

-Eso es lo que ella cree. La mala suerte de él es que toda la familia vive fuera del país y no tiene a donde correr. Estoy segura de que el día que le pase por delante una buena mujer que lo quiera bien y lo trate con cariño, otra será la historia y Nancy se va a arrepentir.

- Lo malo que ella tiene es que siempre cree que hace lo correcto y no acepta los errores que comete. Además, dice que después de veinticinco años los dos están muy acostumbrados el uno al otro. Nunca se van a divorciar y que ella se casó con un único hombre para toda la vida.

-Es que ni siquiera se ve en mi espejo. Mandé un matrimonio del mismo tiempo a la basura y ni dudé en hacerlo el día que ya no aguantaba más.

-Pero yo... Imagínate, esto es algo totalmente diferente, absurdo, inaudito. Te juro que si no fuese por mis hijos me quedo eternamente aquí en este paraíso, pero no quiero arruinar tu luna de miel, amiga. En dos días me regreso a enfrentar el "Sunami" que me espera en mi casa. Quisiera no verlo más y que este asco y este odio que siento, me den la fuerza para seguir adelante.

Gracias a Dios que siempre fui una mujer trabajadora y decidida, a pesar de todas las veces que me pidió que no trabajara porque él tenía suficiente para todos y le sobraba.

Nunca pensé que entre nosotros algo malo podía suceder, pero al ver los matrimonios a mi alrededor y las cosas que les sucedía a mis amigas siempre pensé que no debía confiar cien por ciento en que mi relación sería eterna. Lo menos que me imaginé es que mi rival iba a ser un hombre. ¡Qué porquería! ¡Qué asco!

-Ay, amiga. Lo único que se me ocurre es pedirte es que cuando llegues a Buenos Aires, de una vez te busques un psiquiatra para ti y tus hijos porque no creo que por sí solos puedan superar este duro golpe.

-Tienes razón y aunque siempre he pensado que esa gente es más loca que resto de la humanidad, creo que esta situación requiere de ayuda profesional.

Finalmente, Barbarita regresó a su casa y Marcela siguió con su vida ideal, al lado de su buen compañero John quien pasó de ser un gran sacerdote a no menos maravilloso compañero.

CAPÍTULO 13

FLOR

Entre los tres: John, su hermano Johnny y Marcela se encargaron de tal manera de los turistas que pronto se hicieron muy famosos por el tipo de turismo que ofrecieron. No sólo se dedicaron a hacerles conocer a las personas los rincones más remotos de la selva a través de sus paseos tradicionales en "curiaras" por los ríos, sino que les daban clases de cocina venezolana, de los dialectos indígenas y también de manualidades con los materiales típicos de la región. Hasta enseñaban la técnica de los indios waraos para hacer sus casas con una palma llamada tamiche.

Así los turistas, no sólo se iban con la imagen de esos lindos y paradisíacos paisajes, sino con una cultura de una parte de Venezuela tan peculiar y diferente al resto del país. Pero como nada es perfecto, siempre algo sucede para que la armonía de la vida, de un momento a otro, se transforme en desequilibrio.

Marcela nota que John cambia su actitud dedicándose a los turistas más tiempo del que le dedica a ella. Esto llama su atención y le dice que es lindo el trabajo que hacen, pero que todo tiene su límite y que él debe de controlarse y volver a ser el mismo que la recibió la primera vez que llegó, y cuando regresaron de Buenos Aires.

John le dice que está exagerando y que deben aprovechar al máximo la época alta, ya que llegarán meses que si aparecen diez o veinte personas es mucho. La realidad es que a John se le ha abierto un mundo de posibilidades con "las turistas" y él está aprovechando a todas aquellas que de manera muy atrevida se le acercan para pedirle "turismo sexual".

Una turista en especial, decide quedarse en el campamento porque queda enamorada de la región <y de John también>, así que con la excusa de contratarlo para que le haga conocer la fauna y la flora del lugar, pasa muchas horas junto a él durante varios días. Su nombre es Flor, una linda joven del estado Mérida, estudiante de Biología en la Universidad de los Andes.

Como buen anfitrión, John le pide a Marcela que prepare algo de comida argentina para invitarla a cenar, y para que le converse a la muchacha acerca del tema que le interesa, ya que Marcela conoce muy bien la fauna y flora del lugar, aun antes de llegar al campamento porque la estudió a través de la internet. Marcela piensa que es muy buena idea conversar con Flor y hacerle saber de todo lo maravilloso que alberga la selva en su vientre.

La situación es un tanto incómoda porque la invitada se muestra como una persona muy tímida e introvertida a quien hay que sacarle las palabras con cuchara. Habla muy poco, mantiene la mirada en la comida o en la mesa y cuando alza la vista es sólo para contemplar esos paisajes de Argentina que decoran la casa de Marcela y John.

Él se siente un poco incómodo porque Flor sólo se concreta a decir "sí" o "no" a las preguntas de ellos. Marcela y John se miran como preguntándose: - ¿Qué le pasa a esta muchacha? - Ellos tratan de hablar de diferentes temas a ver con cuál Flor se anima a dar su opinión, pero nada da resultado ya que ella continúa en la misma actitud.

Hasta les es difícil dar por terminada la reunión porque ella ni siquiera pide permiso para levantarse de la mesa o retirarse. John sugiere salir a caminar por los alrededores para que ella conozca. Marcela aliviada de sacársela de encima, le dice a John que se adelanten los dos mientras ella recoge la mesa y lava los platos de la cena. Pero es otra la actitud que tiene Flor al quedarse sola con John fuera de la casa.

- Entonces, ¿esta señora es su famosa esposita?

-Sí. ¿Qué te pareció?

-Pues un poco vieja para usted.

-Son sólo diez años, Flor. La verdad es que nosotros nos llevamos tan bien que ni notamos la diferencia.

Ella, con mucha picardía, y pasándole la mano por el pecho a John le pregunta.

- ¿A usted no le llama la atención alguien menor?

John se siente halagado por la insinuación y le contesta:

-Yo no veo a las mujeres por su edad sino por su belleza. Sobre todo, por la espiritual.

- ¿Qué le parezco yo?

Flor da una vuelta para seguir tentándolo con su cintura de avispa, sus bien definidos y voluptuosos glúteos y unos pechos grandes y parados. John traga grueso y casi se le sale la baba mientras ella modela ante sus ojos; y sin poder aguantarse la toma con fuerza y malicia entre sus brazos y le da un beso que casi la ahoga.

- ¿No y que usted era cura?

-Y tú una mosquita muerta, ¿no? Desde que llegaste me andas tentando y esa noche cuando me viste que salí de la oficina de noche te desvestiste y te metiste al río desnuda a sabiendas de que yo te estaba mirando, ¿verdad? ¿Acaso crees que soy de piedra?

Besándola y manoseándola, comienza a quitarle la ropa que lleva puesta. Totalmente excitado, la lleva a un rincón oscuro y ahí se desviste y la posee como un potro desbocado.

-Así me gustan los hombres: fogosos, desesperados. Así te quería ver, curita. Deseándome y dentro de mí, como un animal de la selva.

-Tú eres una rica flor. Una tentación demasiado grande para dejar pasar. Ya me había aguantado demasiado de no chuparte esos senos que llevas casi al aire, de tocar esas nalgas que de un lado a otro mueves con exageración para que yo te vea cada vez que estás frente a mí. Yo soy un hombre, mosquita muerta, no un cura.

Y así, Flor y John acaban una y otra vez hasta darse cuenta de que se desconectaron del mundo. Han pasado dos horas cuando John escucha que Marcela lo llama. Se viste rápidamente, sale corriendo y se acuesta frente al río haciéndole creer que se quedó dormido, donde Marcela lo encuentra.

-Pero mi amor, ¿cómo te quedaste dormido aquí? Ya está haciendo frío y hay muchos zancudos.

- ¿Qué hora es? Me recosté un rato para disfrutar del aire fresco y de las estrellas tan lindas que hay en cielo y de repente me dio mucho sueño.

Bosteza John y le dice a Marcela:

- ¿Por qué no aprovechamos y nos metemos un ratico al río?

Ahí. bajo la mirada atenta de Flor, John desviste a su mujer despacio y la va besando y acariciando a sabiendas de que ella está escondida observándolos. Luego se desviste él, da una vuelta para que las dos lo vean y se sumerge en el río con Marcela. Se besan apasionadamente y hacen el amor bajo la luna, las estrellas y la mirada de Flor.

- ¿¡Este curita qué se cree!?- piensa Flor - ¿Cómo se le ocurre hacer eso sabiendo que estoy aquí escondida? Me las va a pagar.

Al día siguiente, es sábado. Marcela se queda en la casa limpiando y John se va a la oficina a recibir unos turistas que llegan a pasar el fin de semana. Como el río queda frente a la oficina, Flor se pone el traje de baño más sexy que tiene, un hilo dental que no le deja nada a la imaginación porque lo muestra todo. John al verla, enloquece de las ganas, pero debe arreglar algunas cosas antes de que lleguen los turistas.

Flor se quita un pañuelo que lleva amarrado a la cintura y lentamente entra al agua, dándole la espalda a John a quien le es imposible concentrarse en su trabajo con la tentación en frente.

- ¡Gocha sucia! Me las vas a pagar.

Ardiendo en deseos, John va al baño y se echa un poco de agua fría para calmarse y trata de ya no verla más para terminar de hacer su trabajo cuando llega el grupo de turistas con Johnny.

John les da la bienvenida, les entrega las planillas que deben llenar, las llaves de las habitaciones y le pide a su hermano que los acompañe mientras él va a la cocina asegurarse de que ya esté listo el desayuno para los recién llegados.

Flor sale del río y todos los hombres que acaban de llegar voltean a ver a la tremenda mujer que camina hacia la arena y se sienta a untarse el bronceador. Al percatarse de las miradas, y sabiendo que uno de los hombres que la observa es John, se pone la crema con malicia, acariciándose los hombros, los brazos, la cintura, las piernas y uno de los turistas comenta:

- ¡Qué hembra! Por fin veo con mis propios ojos la verdad de que la mujer venezolana es la más bella del mundo.

-Y del universo también- aclara John. - ¿Usted sabe que Venezuela es el único país del mundo que tiene tres Miss Universo y tres Miss Mundo, y por eso aparece en el Record Guinness?

- ¡Oh! No lo sabía, pero si escuché que las mujeres de aquí son preciosas.

-Y para muestra un botón- John señala a la bella Flor y les dice a los turistas -disfruten del panorama.

Después del desayuno y de un breve paseo a los alrededores del campamento, John le dice a su hermano que se quede el resto del tiempo que falta con los turistas porque él tiene algo importante que hacer.

-Está bien hermano, no te preocupes que yo me encargo.

John corre hasta la cabaña de Flor y le toca la puerta.

- ¡Pasa! - le grita ella desde adentro.

Abre la puerta y ve que Flor está encima de su cama casi desnuda con un baby-doll transparente que deja ver todo su hermoso cuerpo.

-Te estaba esperado- John cierra la puerta y sin decir palabra se le acerca y mete sus manos debajo de la baby-doll para tocar sus pezones y besarla a la misma vez y así, otra vez, cae rendido en ese cuerpo de la mujer que lo tiene loco de deseo.

Al terminar ese momento de tanta satisfacción John se viste y le dice:

-Te agradezco que no vuelvas a bañarte frente a mi oficina. El río es muy grande y puedes hacerlo con toda libertad donde yo no te vea.

- ¿Qué sentido tiene irme a otro lugar? si te quiero ver cuando trabajas, ya que de noche no puedes estar conmigo.

- ¿Es que acaso tienes ojos en las nalgas? porque tú estabas en todo momento de espalda.

- ¡Ay, bobito! No te molestes. Está bien, me iré a otro lado cuando quiera refrescarme. Es que acostumbrada al rico frío del páramo, aquí siento que me estoy derritiendo de tanto calor.

-Yo también, gochita. Ya estoy acostumbrado al calor, pero tú me estás quemando.

-Entonces quédate un rato más- así, de nuevo, John se olvida de la hora y se queda dormido en la cama con Flor.

Al ver que John no regresa, Marcela supone que debe estar en la oficina y va para allá a buscarlo. Pero es a Johnny el único que encuentra.

-Hola, cuñado. ¿Qué tal estuvo el día hoy con los nuevos turistas?

-Muy bien Marcelita, les gustó bastante el paseo.

- ¿Y John?

-No está aquí. En la tarde me dijo que tenía algo importante que hacer y me dejó con los turistas hasta ahorita.

-Qué raro- se extraña Marcela -A mí no me dijo nada. Bueno, voy a aprovechar para ver mis e-mails.

Al abrir el portal de Hotmail, Marcela enseguida cierra para que su cuñado no se dé cuenta de que tiene unos cuantos e-mails de su amigo Gilbert, así que para disimular, abre otro mail donde él no le escribe y revisa lo poco que ahí tiene.

-Marcela, disculpa que te deje sola, pero ya me quiero ir a descansar. Nos vemos mañana.

-Sí. Está bien, Johnny. Hasta mañana. Que descanses.

Desesperada por ver los e-mails de Gilbert, Marcela vuelve abrir *"soloparati"* y comienza a leer:

.

"Marcela Adorada:

Sé que debes estar feliz, pero quiero que sepas que hasta el día de mi muerte esperaré a que suceda un milagro y vuelvas a mi.

Marcela de mi alma:

No se salen de mi mente ni de mi corazón los seis felices meses que pasé contigo en la computadora y muchísimo menos ese fin de semana.

Mi reina:

Quiero ver tus ojos, besar tus labios, tocar tu piel y hacerte el amor. Eres la mujer más especial que he tenido en mi vida.

Love you forever.

Gil".

Al regresar a la casa, John ve que la luz de la oficina está prendida y se acerca a apagarla porque cree que su hermano se fue y no la apagó; pero cuando ve a Marcela adentro, se devuelve y sin hacer ruido va corriendo hacia la casa y se acuesta en la cama mientras que ella llega.

Marcela por su parte siente mucha emoción por lo que está leyendo, pero decide no leer más porque no quiere complicarse la vida acercándose otra vez a Gil.

-Pobrecito. Me doy cuenta que le hago mucha falta, pero no puedo caer otra vez en tentación.

Al llegar a su casa él la recibe con una sonrisa, la besa y la abraza.

- ¿Dónde estabas, padre John?

-Aquí, mi amor. Tengo rato esperándote.

-No hace ni media hora que fui a la oficina a buscarte y no estabas.

- Es que uno de los turistas quiso que lo llevara a visitar la aldea pemón y me fui con él hasta allá. Nos pusimos a conversar y tú sabes cómo son ellos cuando llega un turista: hasta que no le venden todo lo que hacen ahí, no los dejan ir.

-Sí, eso si de verdad.

Pasaron los días y cada vez eran más las excusas de John y los inventos a paseos que no estaban programados.

- En ese lugar tan pequeño, ¿qué puede estar haciendo John? - se pregunta Marcela, y ella misma se da la excusa de que John se ha vuelto un adicto al trabajo.

Para llenar el vacío de las horas a solas, Marcela vuelve a la computadora a responder los e-mails de Gilbert.

"Mi adorado gringuito.

Disculpa que no te haya respondido, es que ahora soy una empresaria y tengo una agencia de turismo en la selva donde vivo, pero siempre te recuerdo y al igual que tú, no me olvido de nada. Te llevo tatuado en mi corazón.

Gilbert no puede creer que Marcela le ha respondido y llora de la felicidad al leer su e-mail.

"¡Marcela! ¡Marcela mía! Gracias por responderme. No te imaginas lo vacío que me he sentido sin ti. Por favor, no te alejes más. Déjame saber de ti y quererte como tú lo desees: cerca o lejos, pero juntos. Eres mi Marcela del Alma".

Marcela responde:

"Está bien mi Gil. Yo también deseo volver a comunicarme contigo. Pero no nos hagamos promesas ni ilusiones. Sólo disfrutemos de las palabras y los cariños. El resto de la historia que la escriba Dios".

Así Marcela y Gilbert vuelven a pasar horas frente al Chat, mientras que John se distrae con los turistas y Flor, quien cada día lo espera desnuda en su cama.

Una noche, John llega temprano porque está cansado y Marcela le pide que hablen.

- ¿De qué mi amor? Estoy demasiado cansado y necesito reponerme para volver al trabajo mañana. Déjalo para otro día.

- ¿Para cuándo, John? ¿Tú crees que yo no me he dado cuenta que algo te está pasando? Ya tienes meses que prácticamente me ignoras, no quieres hacer el amor conmigo, inventas paseos para los turistas que no hemos programado y no me explico a dónde los llevas porque cuando aquí oscurece no hay nada que hacer.

Ya hacen dos meses que acabó la temporada alta y tú sigues con tu enfermedad de trabajar hasta en lo que no hay.

- Marcela no estés inventando y déjame dormir en paz.

Al oír esta respuesta Marcela siente que ese hombre no es ni la sombra del padre John, ni el que la fue a rescatar de la depresión por la muerte de su hija, y mucho menos el hombre amable y cariñoso que le arregló su lindo nido de amor y le puso a su compañía el nombre de *"La madre Marcela"*.

Le parece estar viviendo de nuevo las actitudes del padre de sus hijos, pero se pregunta con quién va a estar John en esa selva. Así que decide cerrar los ojos y pensar en Gil para no ponerse a llorar de lo sola que se siente.

CAPÍTULO 14
OTRA INFIDELIDAD

Aun despierta, pero con los ojos cerrados y dándole la espalda a John, Marcela siente que están lanzando algo a la ventana, pero es John quien rápidamente se levanta y sale a ver quién es.

Marcela tiene el presentimiento de que él anda en algo extraño y se hace la dormida, pero se va detrás y lo ve cuando agarra a Flor de un brazo y la aleja de la casa llevándola a un matorral oscuro.

-Dios mío, no puede ser. ¿John y Flor?

Marcela también se acerca a los matorrales y ve cómo los dos se besan y se desvisten. No les dice nada. Por el contrario, regresa a su casa y pone en una maleta toda su ropa. Cuando John vuelve le pregunta qué está haciendo.

-No te reconozco, John. Pero tampoco te voy a hacer una escena ni quiero que tú me digas nada.

- ¿Qué te pasa? ¿Por qué estás haciendo tus maletas?

- ¡No me trates como una estúpida, que te vi con Flor y no quiero saber más nada de ti! - grita Marcela.

- Las cosas no son lo que tú crees, mi amor.

- ¿Y cómo son, John? ¿Tú pretendes que yo vuelva a hacerme la de la vista gorda y siga con esta hipocresía como lo hice durante veinticinco años? No, John. Ya no soy la pendeja de antes y no voy a ser el adorno de nadie.

-Lo siento Marcela, yo no te he dicho que te vayas. Es tu decisión.

-Sí, John. Esta es mi decisión.

-Lo único que puedo decirte es que no te hagas la víctima porque yo hice todo para que fueras feliz, pero desde que apareció el susodicho de la computadora cambiaste tu actitud conmigo y ya no fuiste la misma. Yo creo que siempre estuviste enamorada de él y te quedaste conmigo por compasión, por todas las cosas buenas que hice por ti. Pero no soy tonto y me di cuenta. Tú tampoco fuiste sincera conmigo y yo encontré quien me prestará más atención que tú. Vete con el tal Gilbert y se feliz, que al final para eso es la vida.

CAPÍTULO 15

VOLVER

Marcela deja atrás el sueño de hadas que tenía, para volver con su hijo, quien la recibe con la sorpresa de que le acaba de nacer una nieta, Silvia Valentina.

En medio de la rabia y la impotencia que siente Marcela, está inmensamente feliz de este regalo que la vida le ha dado.

-Pero hijo, ¿por qué no me dijiste nada? - le pregunta a Marcelo.

-Es que quería darte la sorpresa y llevártela allá, pero tú te me adelantaste.

- ¿Qué pasó con John? ¿Dónde está?

-No resultó hijo. Ya todo se acabó.

- Cuanto lo siento, pero me imaginaba que eso iba ser así. Con la pinta que tiene el curita ese, ¿cómo no se iba a descarrilar después de tanto sacrificio? Yo no quise decirte nada porque a veces las cosas no son como uno las piensa, pero esas relaciones donde la mujer es mayor rara vez terminan bien.

-La verdad es que nunca pensé que iba a morir en los brazos de John, pero quise probar porque sentía que él era un hombre especial y diferente a los demás por el mismo hecho de haber sido sacerdote. Pero eso de suprimir las necesidades trae sus consecuencias y él se descontroló totalmente. Me parece que quiso explotar su sexualidad por todo el tiempo que se tuvo que aguantar. No creas que me siento tan mal hijito, para mí esto ha sido una experiencia y ya. Imagínate la felicidad que siento ahora teniendo una nieta. Creo que este despecho que siento me va a durar una semana.

Marcela agarra a su nieta, la abraza, la besa, la acaricia y le dice:

-Silvia Valentina, yo soy tu abuelita y te amo.

Los días de abuela son una aventura para ella y ahora de vuelta en su país, el sueño de la selva pasa a ser el pasado porque el futuro ahora es estar cerca de Silvia Valentina y verla crecer. Pero hay alguien que aún le manda e-mails y no pierde las esperanzas.

Marcela pasa un día entero pensando meterse a la computadora de nuevo y profundizar esos e-mails que sólo ha respondido con escasas palabras para no comprometer de nuevo sus sentimientos. Pero ya está decida, esta vez será "todo o nada" y se da a ella misma el límite de seis meses para que Gilbert se venga a vivir con ella.

"Dear Gil:

Aunque te parezca algo insólito y descabellado, estoy de vuelta en mi país y no pienso regresar a la selva. La relación que tuve con un hombre diez años menor que yo, no resultó y decidí cortarla antes de correr la misma mala suerte que con el padre de mis hijos.

Lo más importante que me sucede ahora es que me conseguí con la sorpresa más bella que jamás pude imaginar: tengo una nieta recién nacida. Se llama Silvia Valentina y es una belleza de bebé. Estoy demasiado feliz y quiero compartir contigo lo que ahora siento.

No sé si aún esperas por mí. No sé si ahora estás decidido a rehacer tu vida conmigo y tampoco sé si me tienes confianza para creer que sí estoy dispuesta a ser feliz contigo, pero aquí estoy. ¿Estás tú ahí aún? Sólo te puedo decir que el tiempo y Dios decidirán qué será de nuestras vidas de ahora en adelante.

No olvides que él también dijo: Ayúdate que yo te ayudare. Si tu deseo es dejar el pasado atrás y ser feliz, esa es tú decisión y tú solo tú debes luchar para que eso sea así. No me des una respuesta hora, no me digas que vas a salir volando para acá ni que nunca jamás creerás en mí de nuevo. Piensa y medita, la vida es corta y hay que vivirla de la mejor manera.

I love you.

Marcela".

Al terminar de escribir este e-mail, Marcela llama a Barbarita para decirle que está de regreso.

-Amiga, que sorpresa. Es decir, que ya sabes que eres abuela- pregunta Barbarita.

- ¿Tú también lo sabías y no me lo dijiste? Mala amiga- reclama Marcela.

-Es que las sorpresas no se dicen. Yo pensaba enviarte un e-mail, pero tu hijo me lo prohibió.

-Está bien, está bien. Pero dime, ¿cómo estás?

-A pesar de todo, mucho mejor. Pero prefiero que hablemos personalmente.

- ¿Será posible que nos reunamos todas las amigas? - pregunta Marcela.

-Sí, muy buena idea. Como en los viejos tiempos. Hacemos nuestras terapias de grupo y cada quien desahoga sus penas.

No terminan de hablar, cuando suena el celular de Marcela. Es Gilbert quien llora de la emoción por el e-mail que su amada le mandado.

-Mi amor, yo no tengo nada que pensar ni meditar. Te dije mil veces que te esperaría y aquí estoy.

Así Gilbert y Marcela reanudan su romance cibernético.

CAPÍTULO 16

HISTORIAS DE MUJERES

El siguiente fin de semana. Marcela, Barbarita, Noelia, Nancy, Inés, Patricia y María Graciela se reúnen después de mucho tiempo.

Parecen las mismas jovencitas de primaria y bachillerato como si aún están en el colegio. Se ríen, se cuentan las anécdotas de su infancia y su juventud, se acuerdan de los primeros amores, de las escapadas y mentiras que les contaban a sus padres para salir con los noviecitos.

-La única tonta era yo- aclara Marcela - Como mi abuela siempre me decía que "por la verdad murió Cristo", me perdí de todas esas aventuras de ustedes por hacerle caso a ella.

Además, yo era muy cobarde y con ese carácter de mi papá prefería quedarme encerrada a que me descubriera en algo. Él nunca me puso un dedo encima pero cuando se enfurecía se transformaba en Hulk y eso era peor que cualquier otra cosa.

-Yo sí gocé al máximo de esas escapadas y esos embustes. - aclara Inés - ¿Se acuerdan cuando fumábamos? Sentíamos que era como drogarnos. ¡Eso era gravísimo! Y pensar que hoy en día los jóvenes creen que es tan sano como comer un caramelo.

-Pero para mí- dice Patricia -la osadía era que mi novio me rozará los senos por encima de la chaqueta.

-Jajajajaja- se ríen todas a la vez y la única soltera, Noelia, le dice:

-Tú eras bien mojigata, de verdad. A mi hasta me las llegaron a chupar y no me dio ni el menor remordimiento.

- Hay que ver que ustedes si son putas- dice Nancy en un tono de crítica. -Aprendan a mí que llegué virgen al matrimonio. Tuve y tendré un único hombre.

-Jajajajaja- se ríen todas a la vez y se miran las caras, pero finalmente es Inés quien habla: -Amiga, ¿tú crees qué nosotras no nos percatamos de que tu hijito mayor nació seis meses después de la boda? Lo que pasa es que no te dijimos nada porque como lo ocultaste, no quisimos avergonzarte. Pero nos vas a venir con ese cuento después de tantos años siendo amigas y estando casada.

Nancy visiblemente nerviosa dice:

-No, no. No estaba embrazada. Mi hijo fue prematuro.

-Deja ya de tapar la cosa que no estamos en la época de la colonia- Noelia le reclama -Tú te la has dado siempre de que eres la santita y eso es estúpido. Yo que tuve varios novios y amantes puedo decir que lo peor que puede hacer una mujer es acostarse con un solo hombre. ¿Cuántos matrimonios se hubiesen salvado si antes las mujeres hubiesen tenido la libertad que siempre han tenido los hombres de acostarse con cuanta mujer les pasa por delante?

- ¡Ah! Pero nosotras no, porque las mujeres son putas si hacen eso- dice Barbarita -En cambio el hombre que no se acuesta con diez antes de casarse es un marico.

-Sí, así es- agrega Marcela.

- Les digo que es muy triste el problema de la represión sexual- comenta Barbarita- Porque con este lío de Ángel, él abrió su corazón y me confesó que cuando su papá se dio cuenta de que a él le gustaban los hombres lo obligó a casarse y además le dijo que trata de tener muchos hijos para que nadie sospechara que era así. Se imaginarán que el bochorno más grande para un militar es que alguien sepa que un hijo es homosexual.

Imagínense. Yo corrí peligro al dejarme hacer cuatro cesáreas por el afán de él de tener hijos hasta que el médico lo convenció de firmar el permiso para ligarme porque le dijo que una cesárea más me pondría en peligro de muerte.

-Dichosa tú que, arriesgando tu vida, pudiste tener cuatro hijos. Yo hubiese dado hasta lo que no tengo porque Dios me diera la felicidad de tener, aunque sea uno solo - agrega Noelia -La peor parte de mi problema fue culpa de mi mamá. Me cansé de decirle que me llevará al médico porque no me venía la menstruación. Mis senos crecían, me salían vellos y todas ustedes me envidiaban porque yo nunca andaba con el problema de que si me manchaba o si se me acababan las toallas sanitarias.

Ustedes me decían que yo tenía mucha suerte de no tener la regla y hasta me envidiaban por eso. Al principio me parecía buenísimo porque me daba cuenta que algunas lloraban con los dolores de vientre, pero cuando tenía dieciséis años y nada me venía, le volví a decir a mi mamá y para ella eso era como si yo le hablaba de que me dolía una muela.

Ya era tarde cuando a los veintidós años me fui a controlar. ¿Se acuerdan del primer novio qué tuve? Él fue muy lindo, yo me enamoré demasiado de él y le conté mi problema.

Se quedó aterrado de que nunca mi mamá hizo nada y enseguida me llevó al especialista en problemas de fertilidad. Ahí se descubrió que tengo infantilismo uterino y el médico me mandó un tratamiento con hormonas y fue la época en que me puse gorda y malhumorada.

Eso no funcionó y cambié de médico. Éste mi hizo unas pruebas y me dijo que no había remedio porque mis ovarios no funcionaban. Así que con mucho dolor me tuve que resignar a no ser madre.

- ¿No te has dado cuenta de que el dicho "A quien Dios no le da hijos, el diablo le da sobrinos" es cierto? A falta de eso has disfrutado y cuidado a nuestros hijos -aclara María Graciela.

-Es verdad- agrega Barbarita -Yo he sido la más beneficiada de eso porque siendo tan parrandera he podido contar contigo para continuar con mis farras, como si fuese una adolescente, mientras tú con tanto amor me hacías el favor de quedarte con mis hijitos.

-Aunque lo más importante- le comenta Patricia - es que todos ellos te adoran y hablan de ti como si fueras su mamá.

Con lágrimas en los ojos, Noelia les dice a sus amigas:

-Tienen razón. Lo más lindo es ser la madrina de uno de los hijos de cada una. Eso es demasiado importante para mí y toda la vida se los agradeceré.

Todas la abrazan y le agradecen por ser una maravillosa amiga y una madrina tan abnegada. Enseguida María Graciela rompe el hielo y dice:

-Bueno, ahora déjeme hablar a mí por favor, tengo que darles una noticia. A que no adivinan con quién estoy saliendo.

-Ni idea- dicen todas.

-Nada más y nada menos que con el profesor Morillo.

- ¡¿Qué?! - Gritan todas a la vez.

- ¿Estás loca? - le dice Patricia: - ¿Ese gordo tan horrible y antipático?

-No, él no es así. No se imagina que diferente es conmigo. Es cariñoso, amable, todo un caballero. Él es el hombre con quien soñé toda la vida.

Todo lo que dice María Graciela no es más que la ilusión de una mujer que después de diez años de casada con un patán, se consigue a otro que le da cariño y atenciones y cae rendida a sus pies.

Al cabo de pocos meses está obstinada del profesor Morillo y no encuentra la manera de quitárselo de encima, pero como se da cuenta de que él está perdidamente enamorado, se aprovecha para que le pague las facturas de luz, teléfono y otras más, porque ella se quedó sin trabajo. Lo busca cuando se le daña el carro y no tiene dinero para mandarlo a arreglar; y por supuesto cuando arde ganas y necesita un hombre para desahogarse.

María Graciela ya hasta se cansa de llamarlo y una vez que consigue trabajo, le dice que quiere estar sola porque se siente confundida y necesita pensar en el futuro de esa relación.

-Aprovechando todo lo que estamos hablando, quiero contarles una historia de mi prima Beatriz- comenta Marcela -Mis tíos eran muy racistas y justamente se enamoró de un muchacho de color y no hubo manera de que la dejasen casar con él. Hasta se fueron de la ciudad donde vivían para que no se vieran más.

Beatriz tuvo varios novios y se casó con un hombre muy bueno y tuvieron tres hijos. Después de quince años, mi prima se encontró al exnovio y los dos enloquecieron. Especialmente ella que hasta estaba dispuesta a dejar su matrimonio por él.

Así pasaron no sé cuantos meses, y el exnovio, casado también, le pedía que esperara porque no era fácil dejar un matrimonio de la noche a la mañana. Resultó que la esposa de él los descubrió, y averiguó donde vivía mi prima y para hablar con el esposo de ella.

Pues el tonto, en vez de separarse de mi prima o molestarse, cuando ella llegó a la casa, se puso a llorar y le rogó que no lo dejara. Hasta los hijos le reclamaron a la mamá y se molestaron con ella.

Beatriz les contó la historia. Les dijo que nunca dejó de amar a este hombre y que si se decidía, ella se divorciaba y se iba con él. Después de esto, mi prima presionó al ex novio para que se divorciara. Él le dijo que no podía hacerlo porque estaba esperando un ascenso en su trabajo y si se divorciaba no se lo iban a dar. ¿Qué les parece?

- ¡Buuuu! - pitaron todas las amigas y María Graciela comentó:

-Eso le pasa por haberse metido con un hombre casado y peor siendo ella casada también. Son demasiado ilusas las mujeres que se fijan en esos hombres. Ellos son muy cómodos y no se divorcian porque enfrentarse a los hijos, hacer las maletas e irse es extremadamente complicado.

De nada le sirvió a María Graciela criticar todas las historias o experiencias de sus amigas o de las demás mujeres que allí se encontraban porque al estar sola y desesperada por tener novio, se le acercó precisamente un hombre casado y era tan bello e inteligente que María Graciela no pudo resistirse y comenzó a salir con él.

126

Lo peor del caso es que no sólo era bello e inteligente sino muy mujeriego también y María Graciela juraba que esa era la primera vez que él le era infiel a la esposa. Además, ella hizo cosas muy feas como pedirle delante de la esposa que la llevara a su casa porque se le había accidentado el carro, aprovechándose de que esa pareja era amiga de Noelia.

El día que se descubre el "affaire" sus amigas le dan la espalda y ella se molesta muchísimo, pero a la larga se da cuenta que este hombre es sólo un picaflor y que no puede esperar nada de él.

Así se acerca de nuevo a sus amigas y les pide disculpas por todas esas críticas que ella siempre hizo a todas estas historias de mujeres.

- Hablando de todo, Marcela. Tengo mucha curiosidad de saber cómo puedes llevar una relación por internet- pregunta Inés.

. -Si no, lo sabré yo- Comenta Barbarita.

Esta mujer me ha hecho recorrer todo Buenos Aires en el carro mientras ella anda como una reportera de televisión explicándole todos los detalles de las calles, las autopistas, farmacias, cines, galerías y hasta nos hemos metido en restaurantes de comida típica para que ella filme y tome fotos de las delicias gastronómicas de nuestro país.

- Fíjate que me ha servido de mucho, porque ese hombre está cada día más enamorado por lo detallista que soy yo- comenta Marcela.

- ¿Detallista? Lo que eres una vaga sin oficio- comenta María Graciela- porque andar con una cámara en el hombro y rodando por toda la ciudad sin ser reportera, no tiene nada de detallista.

-Para que veas que eso sí es un detalle, María Graciela- le reclama Barbarita -Si tu vida consiste en ir a la peluquería, comprarte ropa de última moda para irla a lucir en la iglesia los domingos, tú definitivamente no sabes de detalles.

-Ustedes están muy ocupadas hablando de las cosas que pasan entre las parejas, pero no se han dado cuenta de la situación de nosotras como mujeres- dice Nancy.

Todo el peso va encima de nosotras con los hombres que tenemos que lidiar, con la responsabilidad de los hijos: su alimentación, educación, salud, distracción, pero aparte de eso también tenemos que trabajar, ocuparnos de la casa, el carro. Mantenernos lindas, delgadas, limpias, arregladas, elegantes. Y como si no fuera poco, el resto de la familia nos busca para que nos encarguemos de la mamá, el papá o la abuela que ya no pueden vivir solos. Somos nosotras y nadie más quienes si podemos con todas las cargas de las cuales "debemos ser responsables".

-Lo peor es que si nos negamos a que nos entreguen una responsabilidad más, resultamos ser las malas, las irresponsables y las que no queremos colaborar- agrega Patricia.

-Es realmente injusto que mientras más das, más te exigen, más te critican y menos te consideran. El día que por recargarte de estrés te de algo y te tienen que internar en una clínica, ahí sí eres pobrecita y sale alguien más a ayudar - comenta Barbarita.

Eso sin tomar en cuenta que económicamente hay que también tener para todo y para todos, porque si tienes un negocio o te vistes bien, te sobran los que te buscan para pedirte prestado y si no prestas te tildan de tacaña; no se dan cuenta que tener un negocio no es ser millonaria sino tratar de aguantar cuando los días son malos y compensarlo con los días buenos y así mantener un equilibrio.

-Definitivamente hay que ser mujer para aguantar todo lo que nosotras mismas nos ponemos sobre los hombros más lo que los demás quieren que nosotras hagamos- explica Marcela.

Volviendo a lo que hablábamos de la relación por internet les voy a leer una de las muchas cartas que mi amorcito me ha escrito.

CAPÍTULO 17
CARTAS DE AMOR

"Mi Reina, mi amor, mi Marcela.

Es de noche y estoy preparando tu regalo de navidad, por eso te escribo un poquito. No voy a decir nada que me duela o te duela a ti ya que a veces nos herimos mucho con esta situación de que estoy casado y aún no puedo divorciarme.

Te escribo desde mi humilde hogar de soltero. Tengo una cama sencilla, suavecita, rica, con una cobija al lado de donde estoy escribiendo; está la mesa de noche con una pequeña lámpara, una caja de servilletas para limpiarme la nariz cuando lloro por ti, un reloj despertador y una imagen pequeña de la Virgen de Luján de que me regalaste cuando nos encontramos aquí. Ella es mi compañera, ella sabe todo de mí y de ti. A ella le lloro, le pido por nosotros, más por ti, y nuestros hijos para que los cuide siempre.

Tengo una cómoda con un espejo frente a mi cama, un televisor y del otro lado un closet donde guardo mi ropa. Al lado hay otro cuarto que uso como oficina. Ahí está una máquina de calefacción y el tanque de agua caliente, pero lo más importante de todo lo que tengo aquí, es una cajita con todas las cosas que me has mandado.

No te imaginas cuanto te agradezco todo ese cariño que me has dado a través de esas cartas, esas fotos y esa música, las cuales guardaré como un tesoro por el resto de mi vida.

Eres la mujer más sencilla, detallista y humana que he conocido, pero sobre todas las cosas, eres la mujer que habita en mi corazón y lo hace vivir y rejuvenecer cada día; con cada letra que escribes, con cada beso y cada gesto que veo a través de la camarita de la PC.

Son las 12:10 de la noche. A estas horas debes estar "roncando y babeado". Tengo muchas ganas de llamarte para que hagamos el amor por teléfono, pero me da lástima despertarte, además de que me dijiste que recién levantada no sientes ganas de hacer nada.

Aquí estoy viendo tus fotos. Las beso, las acaricio, te miro profundamente a los ojitos negros tan lindos que tienes. Estás muy elegante con el conjunto que usaste cuando nos vimos en Miami. En otra estás muy sexy con una minifalda, te ves hermosa. Todas las fotos son bellas, mi reina. Cómo olvidar todo esto Marcelita. No puedo. ¿Cómo alejarme de ti? ¡Imposible!

Hay otra foto en donde estás acostada en tu cama y con el teléfono en la mano. Ahí escribiste que te la tomaste un día después de que hicimos el amor por el teléfono. ¡Qué lástima que no estás desnuda! Para deleitarme con tus curvas y tu cuerpo de Diosa Griega.

"You are my angel; you are my darling. You are my friend when I need it". Así dice una canción: Tú eres mi ángel, tú eres mi querida. Tu eres mi amiga cuando lo necesito. Aquí va algo muy lindo "solo para ti" y deseo de todo corazón que la misma noche de Navidad te lo pongas y lo luzcas de delante de todos: tu familia y tus amigas, porque va con mucho amor. Si es posible tómate una foto para yo ver cómo te queda.

Ahí va todo de mí, Marcelita. Nunca lo dudes, nunca jamás. Lo que te mando no vale por ser oro sino porque es mi corazón el que te envío a través de un regalo.

Consérvalo con el mismo amor con que te lo mando, pero no te lo pongas hasta la Navidad, y al hacerlo, piensa que soy yo quien te lo está poniendo. He sido muy feliz arreglando este regalito para ti. Hasta las lágrimas se me salen. ¡Cómo te extraño! Pero no estoy triste porque aquí voy, a través de mi regalo. La Virgen de Luján me mira y me dice: "Qué loco eres, Gilbert. Estás hablando solo". Y yo le respondo: Sí. Loco de amor.

Te cuento algo que me pasó la semana pasada cuando te llamé y me dijiste que no te llamará más porque no quieres seguir perdiendo el tiempo conmigo. Me fui al trabajo y un empleado me vio llorando, se me acercó, me preguntó qué me pesaba y yo estaba que explotaba por no hablar con nadie.

Le dije que tenía el corazón roto y él me preguntó si necesitaba hablar. Yo sin pensarlo dos veces le dije que sí, pero que no saliera de esas cuatro paredes. Le conté nuestra historia de amor, desde el comienzo. Hablé durante una hora sin parar y él me miraba con asombro. Tal vez pensaría que a "un jefe" no podía pasarle algo así, pero fíjate que no importa qué posición tengamos en la vida, a todos en algún momento nos llega una pena de amor.

Luego cuando terminé de hablar él me dijo que mi caso es difícil, pero que siga los latidos de mi corazón y espere que Dios me va a ayudar a resolver todos mis problemas y que, si tú eres mi destino, como yo lo supongo, pronto estaremos juntos.

Ahora estoy más tranquilo y sobre todo cuando me acabas de decir que siempre vas a estar ahí y que no te haga caso cuando me botes. Jajajajaja, tú también eres una loquita Marcelita.

Tú eres y seguirás siendo mi reina, mi amor lindo, mi ternura, mi ángel, mi luz, mi camino. Te mando besos, abrazos, caricias, miradas. Todo lo lindo que quiero darte.

Tu Gilbert".

Al terminar de leer, todas las amigas de Marcela se secan sus ojos y se sonríen con cierta melancolía.

- ¡Ay, amiga! - dice María Graciela quien es la más llorona - Discúlpame por pensar siempre mal de ese señor. Ahora, escuchando todo lo que él te escribe, pienso que sería muy hipócrita si lo que dice ahí no es verdad.

-Tienes razón María Graciela- agrega Nancy -Creo que ese hombre está demasiado enamorado y que está sufriendo tanto como tú aquí, por no poder estar contigo. Eso se nota claramente en todo lo que escribe.

-La verdad es que yo siempre se lo he dicho a Marcela- comenta Barbarita -Que espere con paciencia porque un amor así no se consigue a la vuelta de la esquina.

-Tienes razón, Barbarita- le dice Noelia - Yo que he conocido tantos hombres, dudo mucho que alguno me haya amado con esa ternura. Además, ya casi han pasado dos años desde que ustedes se conocen y el tipo se aguantó que vivieras con otro hombre después de separarte de tu marido y ahí sigue comunicándose contigo; además, poniendo todo su corazón en esta relación, a pesar de lo lejos que están.

Por su parte, Gilbert se ha hecho muy amigo de su empleado y le lee algunas de las cartas que Marcela le escribe a él.

"Mi adorado Gilbert:

Quiero decirte que le doy infinitas gracias a Dios por haberte puesto en mi camino porque tú eres el mejor regalo que he tenido en este año. De segundo pongo el celular a través del cual puedo comunicarme contigo todos los días y enviarte e-mails.

También te quiero comentar que estoy bien contenta porque siento que a pesar de la distancia y de lo que a veces te extraño, tú has sido capaz de llenarme de mucho amor y paz. Pensaba que cuando uno ama tanto a alguien, lo único que se desea es que ese ser amado sea muy feliz y esté bien.

Lo que te puedo decir es que si mi presencia, a pesar de la distancia, hace que te sientas feliz, yo voy a estar ahí siempre, aunque te diga mil veces que me voy a alejar. Pero a veces estoy celosa, en el fondo de mi corazón quisiera que Dios arreglará las cosas para que tú y yo estemos juntos. Eso es realmente lo que quiero.

I love you.

Marcela".

CAPÍTULO 18

LA CONFESION DE BARBARITA

La conversación de las amigas continúa y esta vez es Barbarita quien habla porque necesita revelar un secreto que ha tenido guardado.

- Hablando con el corazón en la mano necesito decirles algo que nunca jamás me he atrevido a contar.

Todas las amigas la miran sorprendidas de que haya algo que Barbarita no haya dicho porque por lo general ella es muy abierta y comunicativa.

-Es muy fuerte lo que les voy a decir, pero no puedo llevarme este secreto a la tumba, ya que podría salir afectada mi última hija.

Marcela pone su mano en el hombro de Barbarita en señal de apoyo y alentándola a contar eso que ha tenido tan guardado por mucho tiempo. Su hija menor es ya una niña de 14 años.

-Lo único que les pido es que esta información que yo les voy a dar por ningún concepto salga de aquí, a menos que alguna situación lo amerite. Resulta que, en medio de mi matrimonio con Ángel, a veces pasábamos hasta tres meses sin tener relaciones y una vez yo estaba "muy necesitada". Conocí a un hombre que fue a hacer un contrato en la compañía y casi de manera instantánea los dos hicimos "cortocircuito". De una manera muy hábil él supo abordarme y después de tres visitas a la compañía me convenció de salir. Fuimos a almorzar al restaurante del hotel donde él se hospedaba.

Después de tres o cuatro tragos yo estaba un poco mareada, muy alegre y además con unas ganas tremendas de hacer el amor. Así que subimos a la habitación y ahí pasamos toda la tarde, casi hasta la noche.

Fue demasiado divino. Desahogué todas las ganas que tenía reprimidas y él por supuesto que se quedó sorprendido de que tuve diez orgasmos. Quedó fascinado y yo también, pero el remordimiento de conciencia fue tal que agarré vacaciones para que no me volviera a encontrar en la oficina.

Al mes me di cuenta de que había quedado embrazada y sabiendo perfectamente que era de él, obligué a Ángel tener relaciones conmigo para poder justificar ese embarazo. Siempre le mentí al médico acerca de la última regla y le aseguré hasta el día en que tuve relaciones con Ángel y quedé embarazada de él.

Como el médico jamás dudó de lo que yo le dije, desde un principio me alabó a la bebé diciendo que era bastante grande y siempre lo justifique porque tanto Ángel como yo somos altos. Así llegó el momento del parto y como yo estaba consciente del tiempo correcto, le fui diciendo al doctor que me sentía muy mal y que estaba a punto de dar a luz.

Él, a través de los ecosonogramas, se daba cuenta de que la bebé estaba perfectamente desarrollada y madura, a pesar de los ochos meses de gestación que él pensaba que tenía. Justo a los ocho meses después de esa relación sexual con Ángel, nació la hija de este otro hombre.

Barbarita rompe en llanto, Marcela la abraza y le soba la espalda para consolarla.

-Fue demasiado duro para mí cuando ella nació porque como todo el mundo comentó, no tiene nada parecido con sus hermanos. ¿Y cómo? si es idéntica a su padre, pero mi castigo más grande fue cuando Ángel la colocó con tanto amor en mis brazos y trajo un frasquito con agua bendita con el cual le dibujó una cruz en la frente y la bendijo. Además, me comentó que era su hija más linda y que había cerrado con broche de oro.

En ese momento, yo lo único que pude hacer fue llorar y arrepentirme, pero ahora cuando sé lo que él realmente es, me alegro de haberlo engañado, como él me engañó a mí.

- ¿Qué pasó con ese hombre? - pregunta María Graciela.

-Cuando regresé de las vacaciones, volvió y me vio embarazada. Yo estaba sentada y él no notó mi barriga de una vez. Nos pusimos a hablar y yo le dije que simplemente me fui de vacaciones y que no tenía donde avisarle.

Él me reclamó que lo dejara así después de esa tarde y me dijo que le pidió el teléfono a mi jefe, pero él se dio cuenta de sus intenciones y no quiso dárselo. Yo le dije que no debíamos volver a vernos ya que estaba casada y no quería complicarme la vida.

En ese momento me levanté y cuando me vio la barriga abrió de una manera los ojos que parecía que se le iban a salir y me dijo:

- ¿Y esa barriga?

- De mi esposo por supuesto.

Yo me puse tan nerviosa que él siguió interrogándome acerca del tiempo de gestación y por supuesto que hasta pensó de que fuese su hija, y no por la actitud mía tan nerviosa. Yo enseguida le dije que ni por un instante se le ocurriera pensar en eso y le mentí que cuando estuve con él usaba pastillas y las dejé para encargar al mes siguiente.

Él no quedó muy satisfecho con mi explicación y siguió buscándome e invitándome. Ángel, por supuesto que no me tocó ni un dedo estando embrazada. Durante el propio embarazo me acosté tres o cuatro veces con ese hombre hasta que un mes antes del parto me fui de reposo sin avisarle y ya nunca más lo vi porque dejé de trabajar en esa compañía.

Ahora, cuando mi hija tiene casi 14 años, mi angustia es que ese hombre tenga hijos varones y por mala suerte del destino alguno se llegue a topar con ella.

Todas las amigas se ponen las manos en los ojos, la boca o la cabeza en señal de preocupación y Barbarita continua:

-Por eso es que les he contado todo esto. Ahora yo pienso buscar a este hombre porque sé que a través de mi antiguo jefe lo puedo hacer. Pero no para hablarle de su hija, sino para saber si tiene hijos y quiénes son. Así ustedes podrán tener esta información por si algo me llegará a pasar sabrían cómo evitarle una tragedia a mi hija.

Después de esta historia, las amigas no se atreven a hacer un solo comentario; una se queda sentada frente a Barbarita que llora amargamente, otra camina por la sala. Marcela y Noelia la consuelan e Inés se va a tomar agua en la cocina. Al final Marcela le dice:

-Amiga, ya esto pasó y tú tomaste tu decisión de no decir nada y continuar con tu matrimonio. Si has hecho bien o mal, el tiempo lo dirá, pero no te atormentes más porque al haberlo contado la mitad del problema está resuelto.

-A mí me parece terrible que esa niña crezca engañada y pensando que Ángel es su papá- agrega María Graciela.

- ¿Tú quieres que le diga a mi hija la verdad y hacerla sufrir como estoy sufriendo? ¡No y no! Punto. Esa es y seguirá siendo mi decisión hasta el día que me muera.

Después de esta conversación, Barbarita averiguó el teléfono del verdadero padre de su hija y lo llamó.

- ¿Aló? Por favor con Diego.

- Barbarita, ¿eres tú?

- Sí. ¿Cómo me reconociste?

- ¿Cómo no te voy a reconocer? ¿Tú crees que a una mujer como tú se le puede olvidar, así como así?

- Gracias por el cumplido.

- ¿Cómo estás? ¿A qué se debe esa llamada después de tanto tiempo?

- Es que han pasado muchas cosas en mi vida y pensé que tal vez podríamos conversar.

- ¿Y tú maravilloso esposo?

- Nos estamos divorciando.

- ¡No lo puedo creer, qué maravilla! ¿Eso significa que nosotros…?

- No lo sé, Diego. Pero al menos podríamos hablar, ¿no?

- ¡Por supuesto que sí! Y ya que te estás divorciando podrías darme un teléfono donde comunicarme contigo, porque la verdad es que no quiero que te escapes otra vez.

- Te daré todo lo que quieras, pero cuando nos veamos.

- ¿Puede ser ahora mismo?

- Por supuesto.

CAPÍTULO 19
EL ENCUENTRO CON DIEGO

Así en menos de media hora, Diego y Barbarita se encuentran en el hotel donde solían ir y sin hablar ni preguntarse nada, van directo a la cama y se aman con una pasión desenfrenada, como si intentaran recuperar el tiempo perdido.

- Barbarita, ¿será posible que de ahora en adelante me des el honor de no dejarme solo por el resto de mi vida?

- ¿Qué te pasa Diego? ¿Tú crees que llevarse bien en la cama es poder tomar una decisión tan vital y trascendental como la que tú me estás planteando? Nosotros ni nos conocemos. Yo no sé si tú estás casado, separado, divorciado o viviendo con alguien.

- Todo te lo puedo responder de una vez, si ese es el obstáculo que me vas a poner. Nací el 22 de junio de 1955 en Buenos Aires y he vivido toda la vida aquí. Estudié Administración de Empresas. Cuando tenía 25 años tuve mi primer hijo sin casarme porque no creía en el matrimonio. Luego tuve dos más de la misma forma con otra mujer. Así que tengo tres hijos: dos varones y una mujercita. Estoy libre de todo compromiso como para formalizar con usted, señora.

- Eso precisamente quería yo saber- piensa Barbarita, y agrega - Bueno, no tienes que decir nada más y mucho menos después de que me dices que no crees en el matrimonio.

- ¿Usted no me escuchó lo que le dije, señora? Yo no "creía" en el matrimonio y a pesar de los años que han pasado, cuando te conocí, cambié mi manera de pensar, pero tú no me diste oportunidad de hacértelo saber. Además, me dijiste que tu esposo era "casi" perfecto, si no fuese porque no le gustaba hacer el amor todos los días como a mí. ¿Qué pasó, te cansaste de pasar tanta hambre?

- No precisamente. Sucedió algo muy feo.

- ¿Te fue infiel el hombre perfecto y abnegado?

- Siempre lo fue, pero con un hombre.

-Dios mío, no lo puedo creer. Con razón.

En ese momento Barbarita se pone a llorar. Diego la toma en sus brazos muy dulcemente y le dice:

- No llores, mi amor. Yo te voy a sanar de todas tus heridas. Ahora Dios me está dando la oportunidad de tenerte cerca otra vez y voy a dedicar mi vida a ti y a tus hijos si ellos me aceptan.

Barbarita se pone muy nerviosa al oír la palabra "hijos" y se sobresalta.

- ¿Qué sucede mi amor? ¿Piensas que tus hijos no me van a aceptar?

- No, no. No sé. La verdad es que todo esto acaba de pasar prácticamente y me parece que sería muy difícil para ellos que yo llevara a casa otro hombre después de todo lo que sucedió con su papá. En mi caso, yo no tengo por qué guardarle luto a él, porque para mí está muerto, pero para mis hijos las cosas son más difíciles porque es su sangre.

- Tienes razón, mi vida. En tal caso yo estoy dispuesto a vivir este romance a escondidas hasta que tú decidas cuando será el momento indicado para presentarme a tus hijos. Por cierto, ¿cómo está tu hija la que tiene catorce años?

- Todos están muy bien, Diego. Gracias.

Barbarita se pone demasiado nerviosa con la pregunta y le dice que se tiene que ir.

- ¿Por qué, Barbarita? Si ya no está tu esposo esperándote.

- Están mis hijos, Diego. Ellos ahora son lo más importante. Más que nunca.

- Sí te entiendo, mi vida. Pero quédate un rato más.

- No puedo, Diego. Por favor déjame ir. Yo no esperaba estar contigo así hoy. Necesito pensar y tomar muchas decisiones.

- Entonces déjame amarte otra vez y luego te vas. Por favor.

- Discúlpame, Diego. Estoy apurada. Toma mi teléfono y llámame cuando quieras.

- Está bien, a la noche hablamos.

- Gracias por entenderme. Tenemos toda la vida por delante, así que no hay razón para apresurar los acontecimientos.

Barbarita y Diego se despiden. Ella se monta en su carro y llama a Marcela por el celular.

-Amiga, necesito hablar contigo. Acabo de encontrarme con Diego.

- ¡Uy! Vente pues.

En pocos minutos, Barbarita llega a casa de Marcela y ya ella está en la puerta esperándola.

- Me muero por saber qué pasó.

- Amiga, estoy que me muero de la angustia y de la alegría a la vez. Lo primero que hicimos fue el amor, por supuesto. ¡Qué rico, amiga! ¡Eso fue lo máximo! Después me preguntó acerca de Ángel y le conté todo. Esa parte estuvo muy emocionante porque cuando terminé de hablar lloré y él me tomó en sus brazos y fue muy dulce conmigo. Hasta me dijo que quiere que vivamos juntos, pero le dije que eso no puede ser todavía.

- ¡Pero qué tonta, Barbarita! ¿Por qué le dijiste eso?

- ¿Cómo se te ocurre que voy a hacer eso, Marcela? Si yo ni lo conozco a él. Pero lo mejor fue que ya me dijo que tiene dos hijos varones. Bueno, una hembra también. Pero a mí me interesan son los varones.

- ¿Y qué más pasó?

- Pues qué te parece, que me preguntó por "mi hija de 14 años". Ahí casi me desmayé. Yo sé que él sospecha, amiga. Él sospecha.

- Tranquila, que con sospechar nada puede hacer.

- Ahora no sé qué hacer yo, porque con sólo saber que tiene hijos no puedo resolver nada. Tengo que conocerlos, identificarlos.

- La única manera va a ser estando cerca de Diego.

- Por supuesto, y eso lo voy a hacer. A pesar del miedo de que él conozca a Isabelita y se dé cuenta de que es idéntica a él.

- No te queda más remedio, Barbarita. Además, creo que ese tipo se enamoró de ti y a ti no te es indiferente, ¿no?

- Para nada. Diego me fascina. Pero eso no es amor, amiga. Él me gusta en la cama. Me hace sentir mujer.

- Eso me parece buenísimo. Saca cuentas, amiga. Si él y tú son contemporáneos y sienten esa pasión, ¡qué maravilla! Seguro van a pasar el resto de sus vidas disfrutando del sexo, cuando la mayoría de las parejas a los 50 años ya casi ni se miran. Que te lo digo yo.

- Tienes razón, pero la diferencia es que nosotros tenemos una hija. Él no lo sabe y yo sé que cuando la vea se va a dar cuenta.

- Pero qué importa si ya tú no estás con Ángel y él también te engañó a ti.

- Si, pero yo no quiero hacer sufrir a mi hija, porque ella adora a su papá.

- Eso tiene solución como todo en la vida, Barbarita. Si este tipo es una buena persona y se da cuenta, tú llegas a un acuerdo con él. No le dicen nada a Isabelita. Él igual va a vivir con ella y a disfrutarla y listo, no ha pasado nada.

- Qué fácil es decir eso, Marcela. Pero yo a él no lo conozco y por muy bueno que sea no le debe gustar que yo le hay negado a su hija. ¿No te parece?

- Ok, Barbarita. Mejor deja esto en manos de Dios. Si él es la persona que te conviene y lo de ustedes sale bien, después se verá.

Así Barbarita y Diego comienzan su noviazgo en la clandestinidad, pero no para las amigas de ella, quienes convocan una reunión urgente a fin de ponerse al día con los últimos acontecimientos.

- ¿Y a qué se debe esta reunión así tan de repente? - pregunta María Graciela - ¿Alguna salió embarazada? Porque eso es lo único que les falta a ustedes.

- Pues fíjate que eso sería maravilloso si me sucediera a mí - comenta Noelia.

- Discúlpame, Noelia. No quise hacerte sentir mal.

- No, amiga. No te preocupes. Es una broma.

- Bueno, pero aquí no vinimos a hacer bromas ni a perder el tiempo- dice Barbarita- Tengo que contarles que encontré al padre de Isabelita.

- ¡Uy! - dice Inés - ¿Y ahora?

- Decidimos tener un noviazgo a escondidas para conocernos y luego decidir qué vamos a hacer con nuestras vidas si todo va bien.

- ¿Qué pretendes hacer con Isabelita? ¿Mandarle a operar la carita? – pregunta María Graciela- Porque según tú, esa niña es la copia de su papá.

- Lo es, pero para que ustedes me den su opinión. Marcela lo invitó hoy y ya está por llegar.

Enseguida suena el timbre y cuando Marcela abre la puerta todas lo ven. No hallan donde meterse para esconder la cara de asombro que tienen al notar el parecido de Isabelita con ese hombre.

- Bienvenido, Diego- lo saluda Marcela.

- Hola, mi amor- lo recibe Barbarita con un beso.

- Permiso y gracias por la invitación. Aquí traje estas flores para ustedes. Tú debes ser Marcela. Toma una.

-Muchas gracias, Diego.

- ¿Quién es Noelia?

-Yo- responde Noelia.

- Toma Noelia, un gusto en conocerte.

- Muchas gracias, Diego. Igualmente.

- ¿Inés?

- Soy yo, Diego. No tenías por qué molestarte. Creo que con esto te estás anotando unos cuantos puntos porque mira que para Barbarita sus amiguitas somos lo más importante, aparte de sus hijos.

- Y de ahora en adelante para mí también, Inés. Porque todo lo que es importante para ella lo es para mí. ¿Quién es Patricia?

- Yo, amigo. Muchas gracias. Eres todo un caballero.

- Un gusto, Paty- ¿Nancy?

- Yo, Diego. Muy amable de tu parte. Muchas gracias. No tenías por qué molestarte.

- De nada, Nancy. Y dejé a María Graciela de última porque como las malas lenguas dicen que ella es la más bella de todas, quería decirle que "los últimos serán los primeros".

- Jajajajaja- todas se ríen a la vez y María Graciela se acerca creyéndose todo lo que Diego dijo.

- Muchas gracias, Diego. La verdad es que en mi familia casi todos me dicen "Miss Universo", pero te imaginarás que, a los 52 años, ya no soy la misma de antes.

- Pues no me parece porque te ves muy conservada. Aparte de Barbarita, que es la más preciosa, tú te ves muy bien.

- Jajajajaja- se ríen todos otra vez.

En medio de esta reunión, María Graciela le hace señas a Marcela y las dos se van a la cocina.

- ¡Dios mío, Marcela! ¡Qué angustia! Esa loca de Barbarita no se da cuenta que Isabelita no es parecida a ese hombre sino el clon. ¿Qué va a pasar cuando ellos se vean, Marcela? ¿Tú te imaginas?

- Tienes razón, amiga. Yo estoy que me muero de los nervios desde que vi al tipo ese. Él se va a dar cuenta enseguida que vea a Isabelita. Estoy segurísima.

-Y entonces, ¿qué va a pasar ahí?

- ¡Ay, no sé! No sé. No quiero ni pensar en eso. Será lo que Dios quiera y ya. Vamos a la sala y olvidémonos de esto.

Allí están en plena conversa y Noelia dice:

- Yo me curé de andar con un hombre casado. Siempre dije que lo último que haría sería eso, pero como la lengua es el castigo del cuerpo, una vez en una fiesta me encontré a un tipazo que me clavó la vista y no pude hacerme la desentendida porque era demasiado bello.

Estaba con la esposa, y yo con mi familia en la mesa de al lado; cada vez que me paraba a bailar con alguno de mis hermanos o primos, él hacía lo mismo con la esposa. Bailaba a mi lado y me miraba en todo momento. Me hacía señas que yo no entendía, pero luego me di cuenta que dejó a la esposa sola y fue al baño de caballeros. Yo me fui al baño de damas a ver si había algún huequito entre los dos baños por donde hablar y de repente veo que cierran la puerta con llave y era el loco ese.

De una vez nos besamos y él ya tenía listo un papelito con su teléfono y los horarios en lo que podía llamarlo. Me dijo el nombre: Mauricio, y salió corriendo del baño.

Yo dudé una semana para llamarlo, pero el tipo me había besado tan rico que decidí arriesgarme y tener una aventura con él. Al cabo un mes, me enamoré como loca y él se puede decir que se apasionó, porque de verdad lo que yo sentía era que ardía de deseos por mí, pero más nada. Iba a ser el día de los enamorados- Yo ya tenía un bellísimo regalo y esperaba que él me invitara a almorzar a algún lugar. Pues pasó ese día, y otro, y el condenado ni una flor me dio. Apareció tres días después con una historia absurda de que tuvo que llevar a su mujer al médico. Pidió mil disculpas, pero igual ni regalo me dio.

Eso sí, en la cama seguía dándome todo y cada vez más apasionado y rico, pero como ya yo estaba enamorada no me conformaba sólo con eso y le dije que termináramos. El tipo se puso a llorar, me dijo que no lo dejara y que él se iba a separar de la mujer; quedó en que hablaría con ella para cambiarse de habitación porque él no tenía otro lugar donde vivir, y yo de tonta enamorada, creí que lo haría. Al cabo de una semana le pregunté que si ya se había cambiado de habitación y con su cara muy lavada me dijo que él no tenía motivos para hacer eso y que cómo se me ocurría a mí que él le iba a decir a la esposa que estaba saliendo con alguien, que si ella sabía eso lo iba a botar de la casa.

Yo indignada, le dije que no me buscara más, pero el tipo no me daba vida y seguía persiguiéndome por todas partes donde yo iba, hasta que decidí llamarlo a su celular en la noche para que la esposa descubriera todo. Justamente fue ella quien atendió y yo le conté todo. Además de que le pedí que hiciera algo para que el esposo me dejara de molestar.

Ella sólo dijo que no podía estar detrás de él y que nunca le había sido infiel, que si lo hizo conmigo fue porque yo seguramente me le ofrecí o me le metí por los ojos. Al final me arrepentí de haber llamado y traté de cambiar la ruta por donde me iba al trabajo y de llegar más temprano o más tarde para que él no pudiera encontrarme.

Dos semanas después de la conversación con la mujer, era Navidad y recibí unas flores con una nota que decía:

"Para la mujer más bella y rica que he conocido.

Te ama, Mauricio.

P.D. Por estas poquitas palabras que te escribo. No vayas a llamar a mi mujer".

- Yo quería morirme del dolor que me causaron esas palabras. Ahí lo llamé y le dije hasta del mal que se iba a morir. Él me pidió mil perdones, me juró que no lo hizo por mal; pero al final me causó un daño terrible y ahí más nunca le acepté ni una sola llamada.

Hasta ahora a veces suena mi celular y cuando me doy cuenta de que es él, lo apago por dos días y el hombre desaparece. Esa humillación yo no quiero volver a sentirla más nunca, por eso un hombre casado es sinónimo de muerto o inexistente para mí.

- ¿Qué me dicen de los hombres que prefieren las mujeres mucho menores? - pregunta Inés -A decir verdad, son todos, pero no lo demuestran. Hasta que se les da la oportunidad y ahí caen como corderitos.

A mí me sucedió con una tía de 70 años que tenía un novio de 75 años. Ella vivía en otra ciudad, pero siempre hemos sido muy unidas. Conversaba con ella y con su novio también, por supuesto que por teléfono. A él todavía no lo conocía. Como mi tía es mi confidente, llegó un momento en que hasta el mismo novio compartía mis confidencias, así que los tres hicimos una linda relación llena de muchos secretos. También acostumbraba a mandarle fotos y en una oportunidad hasta a su novio le mandé. Un día después de un tiempo de comunicación telefónica decidí irme un fin de semana a visitarla y a conocerlo a él.

Yo le comenté a Noelia que me parecía que el novio de mi tía se emocionaba demasiado cuando hablaba conmigo. Aclaro que esto pasó cuando yo tenía veinte años y ese señor de 75. Noelia y yo pensamos que sólo yendo hasta allá y viéndolo personalmente me daría cuenta si el hombre estaba ilusionado conmigo o no. Resultó que fue verdad lo que yo pensaba. Cuando llegué los dos me buscaron en la estación de autobuses y el tipo me dio un abrazo que casi me parte los huesos. No me quitó la vista de encima y delante de mi propia tía me decía: - ¡Que bella eres Inés, que lindos tus labios, que hermosos tus ojos!

Parece que al viejo se le olvidaba hasta lo que me decía porque a los 10 minutos me repetía lo mismo. Yo por supuesto que me sentía muy incómoda y cada vez que el tipo volvía con los elogios, yo cambiaba el tema. En una de esas me voy al baño y cuando regreso a la sala mi tía no está.

El viejo verde ese le hizo que se fuera a comprar unos ingredientes para hacerme un postre. Él ya tenía todo planeado para quedarse solo conmigo y cuando le pregunté dónde estaba mi tía, me dijo:

- Inés, necesito decirte algo, pero no quiero que pienses mal de mí, además espero que me escuches y me dejes hablar.

-Yo me asusté y hasta me puse a la defensiva porque me di cuenta que mis sospechas eran verdad, aunque él no me miraba de mala manera. hasta se comportaba muy dulce y amable conmigo.

-Quiero decirte que me enamoré de ti. Yo sé que lo nuestro es imposible y que está tu tía de por medio, pero es que tú te has metido dentro de mí y me has hecho rejuvenecer. Cuando he hablado contigo por teléfono siento que sólo tengo veinte años como tú.

- ¿Tú cómo que estás loco? - le grité yo.

No te dejo hablar y punto, es una falta de respeto demasiado grande lo que me estás diciendo. ¿Con quién crees que estás hablando? ¿No te das cuenta de qué yo soy la sobrina de tu novia?

-Discúlpame, Inés, pero yo no creo que sentir amor verdadero es faltarle el respeto a nadie. Lo que yo llevo en mi corazón es demasiado puro y no es culpa mía sentir así. Si tú quieres que yo termine la relación con tu tía por lo que siento pues lo hago. ¿Pero para qué? Si no vas a darme la oportunidad de estar conmigo.

- ¿Yo contigo? ¡Por favor! En qué cabeza cabe que una mujer de veinte años puede ni siquiera imaginar tener algo con uno de 75 años.

-El amor no tiene edad, Inés. Cuando tengas la mía te darás cuenta de eso y si lo que estás pensando es que sexualmente yo no sirvo, estás muy equivocada. Te repito tendrías que llegar a mi edad para darte cuenta.

-Cochino. Morboso. ¿Cómo se te ocurre hablarme de sexo?

-Yo soy un hombre completo y en todas mis facultades y he llevado una vida bien sana como para seguir funcionando perfectamente en todos los aspectos de mi vida a pesar de mi edad.

-Pues no me interesa y te digo que, aunque vine por tres días, mañana le invento una excusa a mi tía y me voy. No voy a poder aguantar tu hipocresía frente a ella.

-Para resumirles lo que sucedió después, yo llamé a mi mamá le dije que le inventara algo a mi tía de que me tenía que regresar con urgencia y me regresé, pero esto no acabo aquí. Mi tía me llamó una semana después llorando porque el viejo terminó con ella. Yo le dije que era mejor estar sola que mal acompañada y que seguramente el viejo verde tenía a alguien más por ahí.

Ella me confesó que en dos años que tenían de noviazgo le había descubierto como tres mujeres y que se aguantó porque mal que bien él era su compañía y ella prefería estar con él y no sola. Pero no se imaginan, terminando de hablar con mi tía y me llama el viejo.

- Inés, te llamó para decirte que acabo de termina mi relación con tu tía y quiero verte.

- ¿Te volviste loco? Tu dijiste que esto es imposible y yo te lo recuerdo. ¡Es imposible y más que imposible!

- ¿Por qué, Inés? Yo puedo darte todo lo que tú necesites desde amor hasta dinero. ¿Me entiendes?

-No me interesa nada de ti, así que hazme el favor y no me vuelvas a llamar.

Yo me puse bravísima. Le tranque el teléfono, pero me paso algo muy curioso, después de esa última conversación no se me quitaba de la cabeza pensar como haría el amor el viejo ese.

-Jajajajaja- todas las amigas se rieron a la vez y Marcela dice:

-Lo que pasa es que ahora cuando estamos de cincuenta, sí sabemos que un hombre de 70 todavía funciona, pero a los veinte yo también hubiera tenido curiosidad de cómo sería el viejo en la cama.

- Inés, que tonta- Agrega Noelia. Yo que tú, como ya la tía no tenía nada que ver con el viejo, le hubiese tomado la palabra a ver qué tal.

-Espérense, lo que pasa es que ustedes no me dejan terminar. Lo peor de todo es que desde esa última conversación todas las noches empecé a soñar que hacia el amor bien rico con el viejo y se imaginan que me despertaba con los diablos sueltos. Por suerte en ese tiempo tenía un amiguito y con él me desahogaba porque si no me hubiera muerto de las ganas.

- ¿Y qué paso después? - pregunta Barbarita.

-Pues un día, como dos meses después, yo no dejaba de soñar con el viejo y él me volvió a llamar. Esta vez ya mi actitud fue diferente y aunque no lo traté con cariño, al menos no fui grosera y para resumir el cuento, hablamos como tres horas y el viejo se vino a verme al día siguiente.

Bueno no fue sólo a verme sino a tocarme, a besarme y hacerme el amor.

- ¡Guao! - exclama Noelia -Entonces sí te acostaste con el viejo morboso ese.

-Jajajajaja- Todas las amigas sueltan la carcajada y mueren de curiosidad por saber qué más pasó, pero como de costumbre María Graciela sale a dar la nota discordante.

-La verdad Inés, es que tú no hayas de que palo ahorcarte. ¿Cómo se te ocurrió haberte acostado con el novio de tu tía siendo un hombre tan mayor? ¿Tú eres loca?

-Pero que raro que tú nunca estés de acuerdo con lo que las demás personas hacen- comenta Inés -Definitivamente tú como que te equivocaste de profesión. Más vale que hubieses ocupado el lugar que dejó vacante Marcela en el convento porque tú ingenuidad y tu santurronería no te dan como para tener amigas tan perversas como nosotras.

-Bueno, ya. No les hagan caso a los comentarios de María Graciela- reclama Marcela - Sigue contando, Inés.

-Pues el tipo en la cama se comportó como un quinceañero. Es que no me quiero ni acordar, fue perfecto. Ese viejo me dio los besos que nunca antes joven alguno me dio. Se movía de una manera que me hacía acabar una y otra vez. Él era como una máquina de producir orgasmos y yo me quedé demasiado sorprendida. Tanto que así estuvimos viéndonos todos los fines de semana por tres o cuatro meses, pero ya él lo que quería era casarse conmigo o que viviéramos juntos. Yo le dije que no porque él era muy mayor y yo no tenía planes de casarme para que el esposo se me muriera en la luna de miel y menos tener hijos para que el papá se les muriera en menos de un año.

El viejo se puso demasiado bravo y hasta puta me dijo porque yo le confesé que me fascinaba tener sexo con él, pero más nada. Al final, pobrecito, pero pagó sus culpas por haber hecho sufrir a mi tía ya que él sufrió más porque yo no quise vivir con él. Cómo iba yo a hacer eso si mi tía estaba de por medio. Y aunque no hubiera existido mi tía, cómo iba yo a hacer mi vida con alguien 50 años mayor. ¡No! Qué locura.

- Ah, pero sí te servía el viejo para disfrutarlo, ¿verdad? - pregunta María Graciela.

- Esa es la verdad, María Graciela. ¿Quién te ha dicho a ti que al tener sexo significa que hay que casarse obligatoriamente con esa persona? Yo me di el permiso y la libertad de sólo tener sexo con el viejo y punto. Lo disfruté, la pasamos bien y ya. Una experiencia más en la vida.

-Ya dejemos al pobre viejo que descanse en paz, porque debe estar retorciéndose en su tumba al acordarse de las cosas que hizo con Inés- agrega Noelia.

-Jajajajaja- se ríen todas a la misma vez.

- Y hablando de mujeres que usan a los hombres y después los dejan, ayer estuvo el profesor Morillo en mi casa. – comenta Marcela.

- ¿Qué fue a hacer el mañoso ese allá? - pregunta María Graciela.

- A pedirme que intercediera por él. ¿Qué te parece?

- ¿Y tú qué le dijiste?

-Le dije que lo que te sucedió a ti es que te ilusionaste con él, pero que no te enamoraste y al darte cuenta de eso cometiste el error de seguir sin pensar en que él tenía sus metas y tú otras muy diferentes a las de él.

- ¿Eso quiere decir que María Graciela me ha usado todos estos años? - me preguntó Morillo.

-No Morillo, ella no te usó- le dije yo. -Tú permitiste que ella te usará y lo mejor es que dejemos esta conversación así porque María Graciela es mi amiga y no quiero darte más detalles de lo que ella siente o no por ti.

Lo que sí te aconsejo es que te apartes y seas feliz porque eso de que "está confundida" no es verdad, ella siempre ha estado muy clara de lo que quiere en la vida.

Morillo visible molesto me dijo - "Y yo te aconsejo a ti que dejes ya de compórtate como una niña creyéndole el cuento de que un tipo que está casado y en otro país, va a dejar su hogar y se va a venir a jugar a la casita feliz contigo.

Yo me reí al darme cuenta de que estaba pagando conmigo el dolor de entender que María Graciela siempre lo usó y nunca se enamoró de él.

-No te preocupes, Morillo- le dije yo - Que aquí el único que dice la última palabra es Dios.

-Pobre Morillo- dice Barbarita. -Pero él se lo buscó. ¿Tú no me vas a decir no se daba cuenta de que ella lo usaba? Ni que fuese un bebé. Ese viejo de más de 60 años tenía que darse cuenta de que ella no lo quería. A menos que María Graciela se haya transformado en una actriz ganadora de del Oscar.

- Estimadas señoras- dice Diego - Estoy muy agradecido por la invitación y por la conversación tan interesante, pero creo que ya es hora de retirarme. Por primera vez estoy solo en medio de 7 mujeres y me siento como "cucaracha en baile de gallina", así que las dejo para que sigan conversando.

Todas se despiden de Diego y le agradecen por las flores, pero aún no ha terminado de irse cuando Marcela tranca la puerta y Noelia le dice a Barbarita:

- Amiga, ¿se puede saber a dónde le vas a meter la cara a Isabelita para que Diego no se dé cuenta de que es su hija?

- Óiganme todas: voy a vivir cada día a la vez, no sé si esto va a resultar o no porque aún no termino de salir del problema con Ángel, así que no me quiero complicar más la vida.

Lo que me interesa de él ahora es conocer a sus hijos y tener todo el sexo posible, por lo demás no me voy a preocupar cuando llegue el momento me ocuparé. ¿Sí me entienden?

- Tienes razón, Barbarita- responde Marcela - te entendemos y te apoyamos. Para eso somos tus amigas.

- Y, por cierto- pregunta Patricia - ¿Qué ha pasado con Ángel?

- ¡Ay, amiga! Por una parte, sigo desconcertada. Pero tengo que aceptar que a pesar de lo mal que actuó, él ha hablado conmigo y no es que me ha convencido de entenderlo, sino que me ha explicado cómo su padre prácticamente lo obligó a desviar sus necesidades y sus deseos verdaderos para vivir de las apariencias.

-Qué daño nos hacen a veces los padres sin querer- dice Inés -Tú no te imaginas como sufrí yo con esos hombres que se me acercaban. ¿Se acuerdan de Jaime? Tan bello, tan galán, tan simpático. A mí me gustaba, pero me daba terror ir más allá de las agarradas de mano, hasta que el tipo se consiguió otra que estuvo más dispuesta que yo a darle lo que él quería y se acabó todo.

Yo tan simpática, tan atractiva y coqueta, no me atrevía a darle rienda suelta a mi sexualidad porque tenía esa etiqueta en la cabeza que me decía que si me acostaba con un tipo él no se casaría conmigo.

-Pero peor fue lo que te hizo la "y que amiga esa". - agrega Marcela. -Después de ochos años te viene a quitar el novio de esa manera.

-Por lo mismo de siempre, Marcela. Yo con él me atreví a llegar un poco más lejos pero nunca permití más de lo que el límite que me enseñaron me permitía. – se lamenta de nuevo Inés.

-Por eso con Ángel todo fue perfecto- dice Barbarita - No me exigió nunca que nos acostáramos, no se atrevía ni siquiera a ponerme un dedo encima y yo lo tomé como si el tipo era el más respetuoso y caballero de todos. Por eso me enamoré de él. ¡Por supuesto! Si yo ni le gustaba. Hasta ahora me pregunto para qué me pidió que me operará los senos. Todo para aparentar, pero ahora cuando sé lo que es él, me doy cuenta que durante diez años mi sexualidad se volvió añicos porque él prácticamente me usó para hacer a los hijos. No se pueden imaginar que cuando estaba embarazada ni me tocaba porque decía que eso era un irrespeto para el bebé y que él sentía que la cabeza del pene le rozaba. ¡Bah! Tantas excusas para ocultar que simplemente no tenía ganas de mí.

-Amiga, pero no por eso te vas a negar un futuro. Ya Diego está ahí y no vas a arrepentirte- le aconseja Marcela.

- ¿Y tú como vas con él gringo? - pregunta Patricia.

-Poco a poco. No quiero forzarme ni forzarlo a él. Lo que noto es que esta vez sí está dispuesto a todo, me dijo que su abogado está haciendo unos arreglos para poner algunas propiedades a nombre de sus hijos y está comprando otras a nombre de un amigo de él para que la esposa no lo deje en la calle.

- ¿Y te ha dicho que piensa venir? - pregunta Inés.

-Sí, está planeado un viaje de negocios y se va quedar nueve días conmigo. Ahí hablaremos y decidiremos qué vamos a hacer. Él quiere que yo me vaya para allá, pero no sé porque no quiero tener problemas con la presencia de su futura ex esposa, si es que de verdad Gilbert decide abandonar su casa.

Los e-mails y las llamadas telefónicas entre Marcela y Gilbert van y vienen.

"Mi Marcela Adorada:

Cada día se me hace más lento. Ya no aguanto las ganas de estar contigo. Me trato de llenar de trabajo, pero mi mente no está aquí. Entenderás lo difícil que es arreglar todo para decirle a mi esposa que me voy. No es fácil, pero estoy haciendo lo posible por arreglar las cosas de la mejor manera.

Hablé con mis hijos y aunque ellos no saben de ti, si están de acuerdo con que su mamá y yo nos separemos. Ellos dicen que han crecido viendo como nosotros somos tan infelices y creen que ya es suficiente. Como te he dicho, ella tiene muy mal carácter y una mentalidad muy a la americana de que si el hombre se separa hay que quitarle todo y dejarlo en la calle. Ya pronto será nuestro día, el cual coincide con el de Valentine´s, así que ese 14 de febrero lo celebraremos por todo lo alto. ¿Ya pensaste dónde vamos a ir?".

"Mi gringuito amado:

Hace tiempo que tengo listo el itinerario de nuestros paseos: vamos a ir a la playa y a la montaña; también hay demasiados lugares lindos para disfrutar. Te aseguro que esos 9 días serán inolvidables.

Con respecto a lo fácil o difícil de irte de tu casa, a mí me parece que lo peor es vivir y dormir con alguien a quien no se quiere. Dime cómo te vas a separar de ella si aún no te atreves ni a irte de tu casa".

A tal pregunta Gilbert no responde directamente y por el contrario le da mil explicaciones que no explican nada de por qué aún el sigue durmiendo en la misma cama con quien se supone en poco tiempo se va a separar.

"No sé cómo serás capaz de venir por 9 días para acá si aún no tienes la hombría de irte de tu casa ya. Yo sé que tú no eres de piedra, pero te agradezco que hagas las cosas como deben ser".

Hay un silencio de dos días hasta que Gilbert contesta:

"Te prometo que al regreso de los 9 días me mudaré.

Te amo sinceramente.

Gil".

Las amigas se reúnen de nuevo y Marcela es la primera en hablar:

-Yo no sé de verdad qué pretende este tipo. Me dice que en cualquier momento se va a divorciar o a separar y no es capaz de mudarse. ¿Qué puedo pensar yo?

- Creo que lo mejor es que tú te hagas respetar y dejes ya el jueguito ese de estar con amores prohibidos a estas alturas de tu vida- dice María Graciela- Estoy de acuerdo con lo que Morillo te aconsejó. A mí me parece que eso de destruir un matrimonio no es lo que a nosotras nos enseñaron.

Enseguida interviene Barbarita en defensa de Marcela:

- ¿Se puede saber quién te destruyó el matrimonio a ti? Porque según tengo entendido los matrimonios se acaban, no porque intervienen las personas de afuera sino porque ya los matrimonios están dañados o acabados. Tú no eres quien para andar juzgando u opinando. Si Marcela está dañando o no un matrimonio, eso es problema de ella y no tuyo.

-Pero bueno, ¿ahora me vas a regañar a mí? Yo no la juzgo ni la condeno. Solo estoy viendo las cosas desde afuera, sin estar enamorada, y le estoy aconsejando lo que creo que es mejor para ella.

- ¿Y quién sabe qué es lo mejor para los demás? - Interviene Noelia - Yo pienso que cada cabeza es un mundo y que lo que es bueno para ti, es malo para Marcela y regular para mí.

Es mejor que cada quien viva su vida, sus experiencias y aprenda de ellas y que las "amigas" simplemente seamos testigos y no jueces.

-Y sobre todo tenemos que apoyar y entender- agrega Patricia- y no criticarlas. Ahora quiero hablar yo porque también tengo derecho y estoy que exploto.

-Cuenta, cuenta. Sinvergüenza-, le gritan las amigas.

-Siguiendo el ejemplo de Marcela, me metí en estos días en el Chat. No sé si alguna vez les comenté que mi sueño o fantasía sexual era estar con dos hombres.

- ¡Pero tú eres más osada que yo! - comenta Noelia.

-Ok, entro al Chat y veo que alguien tiene en su nick que dice: "*Somos dos*". Con algo de temor, pero arriesgándome hago clic ahí y pregunto:

- ¿Son dos qué?

-Dos hombres.

- Qué bueno porque yo soy una mujer y mi fantasía ha sido siempre estar con dos hombres, pero me da mucho miedo.

-No te preocupes, somos dos chicos buenos. ¿Cuántos años tienes?

- 50, ¿y ustedes?

-Mi amigo 28 y yo 30.

- ¿Y ustedes son homosexuales? Porque eso no me gusta.

-No, somos amigos nada más.

- Ah… ¿Cómo podemos hacer para vernos?

-Tú dirás, yo estoy desempleado y puedo verte a cualquier hora.

- ¿Y a tú amigo cuándo lo veo?

-Él está trabajando, pero te puedo enseñar una foto.

-Dejemos eso para después. Mejor será conocernos tú y yo, ver si hay química y después se verá lo de tu amigo.

- ¡Pero qué loca eres, Patricia! - comenta Nancy.

-Por favor no me interrumpan, porque si no, no cuento nada.

- ¡No, no, no. Sigue! - gritan las demás.

-El tipo y yo nos encontramos, él se había descrito como alto, de ojos marrones claros, ni gordo, ni flaco, cabello oscuro y cuerpo atlético, pero cuando yo lo veo no sé cómo no me desmayé. ¡Tremendo cuerpazo! Unos ojos preciosos, una boca carnosa, la nariz perfilada.

Las amigas abrieron los ojos incrédulas y envidiosas a la vez.

-Bueno, pero para resumir el cuento, no había pasado una hora hablando con él cuando nos fuimos a un hotel. En media hora el modelo de revista me hizo tener seis orgasmos.

- ¡Uy! - gritaron las amigas y se rieron pensado que Patricia exageraba.

-En serio, en serio. Ese que el tipo estaba demasiado bueno y era muy apasionado. Me decía cosas que me hacían excitarme cada vez más.

-En realidad con solo treinta añitos cómo no va a ser así- dice Marcela.

- ¡Shhhs! – La mandaron a callar sus amigas.

-Continúo- dice Patricia- Yo, dentro de mí, pensaba que, si eso fue así con uno solo, ¿cómo será con el amigo también?

Ahí nos pusimos de acuerdo para otro día. Vi la foto de su amigo, hablamos por teléfono y nos encontramos los tres en el apartamento de él. No les voy a contar los detalles porque esos son muy íntimos, pero lo que les puedo decir es que, aunque el amigo no era tan bello como él, no estaba mal tampoco, pero tenía un miembro mucho más grande... Y ya, no más comentarios.

El encuentro fue muy bueno, pero nada como para morirse. Al final considero que las relaciones entre dos son igual de satisfactorias, así que esto fue una experiencia y nada más.

Al terminar Patricia, Nancy dice:

-Me dirán lo que sea, pero esto ya es el colmo. Ustedes andan con uno, con otro y con otro y ahora Patricia con dos y eso les parece bellísimo, ¿no?

-Fue su experiencia y listo- reclama Noelia -Tú no tienes nada que decir porque peor que eso es tener a un solo hombre y tratarlo mal. Eso sí es feo. Me parece que a tu esposo lo has convertido en una basura: no lo atiendes, no lo respetas. Eso sí es bonito, ¿verdad?

-Bueno, pero, ¿qué pasa aquí? - Pregunta Marcela- nosotras nos reunimos, decidimos hacer una terapia de grupo pensando que estamos entre amigas y entonces esto se va convertir en un escenario de crítica.

-Creo que Marcela tiene razón. - Agrega Barbarita - Ya nosotras tenemos casi cuarenta años de amistad y hemos pasado por muchos ratos buenos y malos en la vida. Lo más importante es aceptar que tal vez ahora es cuando vamos a vivir lo que no pudimos experimentar en la adolescencia porque nos tenían sometidas.

-En eso si tienes razón- dice María Graciela. -Pero yo si me eché mis escapadas, aunque asustada.

- ¿Ves? - Agrega Noelia - ¿Y ahora te la vas a venir a dar de Santita?

-De Santita no, pero todo tiene su límite – responde María Graciela.

- ¿Y tú tuviste límites a la hora de joder al pobre Morillo? - pregunta Patricia.

- ¡Ya! Se acabó la discusión. Vamos a tomarnos un mate unas galletitas y no más confesiones- dice Marcela.

-Mientras están merendado, suena el timbre y es otra amiga del colegio que por razones de trabajo aún no se había reunido con las demás.

Marcela abre la puerta y se consigue con la sorpresa.

- ¡Irene! Qué alegría que estás aquí.

- ¡Cómo no iba a venir! ¿Dónde están las demás bandidas?

- ¡Pasa, pasa! Estamos merendando en la cocina -Gritan sus amigas a la vez. Todas la besan, la abrazan y Barbarita dice: -A buena hora te vienes a presentar, pero nunca es tarde. Cómete unas galletas, tómate un mate con nosotras y cuenta tu historia de amor.

Todas se ríen e Irene pregunta:

- ¿Cómo es eso? ¿Acaso ustedes no han compartido conmigo mis historias de amor?

Yo a estas alturas de la vida no tengo nada más que contar.

- ¡Claro que sí! - agrega María Graciela - Lo que pasa es que tus amigas se han descontrolado después de viejas, así que ahora las conversaciones no son de agarraditas ni de besitos.

-Y como María Graciela es una santita, ella no ha hecho nada que no sea aprovecharse de un hombre inocente, pero de ahí no hay más nada- dice Patricia.

-No es que yo no haya hecho nada ni que sea una mujer asexuada- continúa Irene -Pero como se darán cuenta, el trabajo no me da tiempo ni para masturbarme porque llego a mi casa tan cansada que lo que hago es bañarme, cenar y cuando voy a dormir, aún no he puesto la almohada en la cabeza y ya estoy soñando.

Lo que les puedo decir es que por la experiencia que tuvieron mi abuela y mi mamá de salir embrazadas tan jóvenes y dañarse la vida, yo me vi en ese espejo y hasta los 23 años no supe lo que era perder la virginidad. Además, mi mamá me tenía sometidísima, así que cuando me gradué y me mudé a vivir sola me desaté.

Pero empezar tan tarde fue malísimo porque mis primeras relaciones las tuve con hombres que no significaban nada para mí y ni siquiera hubo química con ellos. Peor fue cuando me fui a vivir a Madrid, no se imaginan lo loca que me puse.

Una noche me iba en el metro a mi casa y veo a un tipo súper bello. Me le siento enfrente y comenzamos los dos a mirarnos, luego se me sentó al lado. Hablamos como si nos hubiéramos conocido de toda la vida. A la media hora nos estábamos besando, nos bajamos del metro y nos fuimos a mi casa a hacer el amor. Lo mejor del caso fue que el tipo era súper cariñoso y delicado. Yo no lo podía ni creer.

Cuando todo terminó él se fue y prometió venir al día siguiente a desayunar. Yo pensé que había dicho una mentirita para quedar bien, pero a las ocho de la mañana me tocó la puerta y yo no me había ni despertado. Rápidamente me cepillé los dientes, me peiné y así mismo en pijamas le abrí la puerta. Aunque no lo crean no hicimos el amor, él sólo fue a desayunar ya que se iba al aeropuerto porque tenía que viajar a otra ciudad. Lo acompañé e íbamos en el taxi besándonos, tocándonos y felices como si fuésemos dos enamorados.

Nos dimos los teléfonos, pero él no me llamó. Yo dejé que pasaran quince días y lo llamé. Al principio pareció muy contento de escucharme, pero luego se limitó a decir "sí o no"; ahí supe que eso había sido sólo una aventura. Bueno, yo no podía esperar algo más de alguien que conocí en el Metro y me acosté con él en menos de dos horas de conocerlo. Él seguramente ni se imaginaría que era el tercer hombre con quien estuve.

De esta manera ya todas las amigas confesaron sus experiencias más relevantes y a la vez desahogaron sus traumas de la adolescencia y la juventud.

CAPÍTULO 20
LOS NUEVE DÍAS DE MARCELA Y GILBERT

Pasaron dos meses y Marcela está en el aeropuerto esperado a Gilbert. Su avión ya va a aterrizar y él se siente extremadamente emocionado y decidido a dejarlo todo por Marcela, si este encuentro lo amerita. A su vez ella se pregunta si Gilbert es capaz de decidirse a cambiar esa vida tan infeliz por una nueva y diferente con ella, cuando anuncian la llegada del vuelo que llega de Miami.

Los dos se tocan el corazón a la misma vez, cierran sus ojos, suspiran y piensan "¡Por fin juntos otra vez!". Mientras Gilbert baja del avión y recoge su maleta, los minutos se hacen eternos hasta que Marcela lo ve a lo lejos caminado hacia ella, quien agita las manos y brinca como una chiquilla enamorada.

Se besan y se abrazan sin importar las miradas que no dejan de obsérvalos a su alrededor. Algunas personas se sonríen, otras arrugan la cara y otras hasta aplauden al notar la espontaneidad con la que ambos demuestran ese amor que sin hablar gritan a los cuatro vientos.

-No puedo creer que estás aquí, mi amor. ¿Cómo estuvo el viaje? - le pregunta Marcela.

Demasiado largas esas horas, me parecieron eternas porque estaba desesperado por verte.

Gilbert y Marcela caminan abrazados se tocan, se acarician, como asegurándose de que no es un sueño lo que están viviendo. A llegar al carro, Gilbert se emociona al ver que está decorado con carteles de bienvenida. En la casa también hay carteles: en la puerta, en la cocina, en la habitación de Marcela y hasta en el baño.

-Gracias mi amor, mejor bienvenida que esta imposible, ahora vas a saber lo que es ser agradecido.

Y los dos se ríen mientras Gilbert comienza a quitarle la ropa a Marcela y a besarle el cuello, a acariciar sus senos. Una atmósfera de amor y pasión se crea entre los dos. Ella se olvida del mundo y se entrega a ese momento tan añorado. Cuántas palabras a través de la computadora, tantos anhelos y sueños que en este momento se hacen realidad.

Marcela deja una filmadora prendida para luego mostrarle a Gilbert lo que ahora ellos están haciendo. Y así, después de muchos besos, caricias y orgasmos, ella sonríe y le coloca en la televisión todo lo que grabó y los dos disfrutan de lo lindo que acaban de hacer y se dan cuenta de que eso no es una película porno sino la más bella demostración de amor puro.

Y así una vez más hacen el amor y se entregan con la profundidad de unos sentimientos que nacieron de las palabras y los detalles que se entregaron mutuamente a pesar de la distancia. Al estar juntos Marcela y Gilbert sienten que fueron hechos el uno para el otro y que en un día muy especial Dios escribió la historia de sus destinos.

-La luna de miel se tiene que posponer por unos minutos, caballero- dice Marcela -porque tienes que disfrutar ahora de un rico almuerzo que con todo mi amor te preparé.

- Qué bueno, porque ya saciada mi sed de ti, ahora muero de hambre. Pero después me darás el postre, ¿no?

-Jajajajaja- se ríe Marcela.

-Todas las veces que mi rey desee. Soy toda para ti, a la hora que quieras y las veces que te provoque.

-Qué rico- agrega Gilbert.

Es así como comienza este viaje de nueve días en donde Marcela y Gilbert pasean por todo Buenos Aires y disfrutan de lo hermoso y maravilloso que es estar juntos. Van a las playas de Mar del Plata, a Bariloche y a Córdova.

Y aunque la hora de la despedida es muy triste, queda la esperanza y la expectativa de lo que Gilbert va a hacer cuando ponga un pie en su casa. Pero él está claro en sus sentimientos y su decisión de que ese matrimonio de treinta años ha llegado a su fin.

Su esposa está acostada en la cama y al verlo entrar a la habitación le reclama por esos días que no la llamó, él no quiere pelear ni discutir y simplemente buscar una maleta para guardar su ropa.

- ¿Te vas de nuevo? - pregunta Joana.

-Sí, pero esta vez es para siempre.

- ¿Cómo?

Se levanta de la cama totalmente sorprendida con la actitud de Gilbert.

- ¿Esto significa qué me estas abandonado?

-Qué bueno que te das cuenta porque así todo va a ser más fácil.

–Pero, ¿qué paso? Vamos a hablar por favor.

- ¿De qué? ¿Aún no entiendes que llevamos demasiados años viviendo un matrimonio que no existe? ¿No te has dado cuenta de cuánto tiempo hace que ni siquiera hacemos el amor?

Ella baja la cabeza, se voltea de espaldas y no responde.

- ¿Ves? Esa es la actitud, pero se acabó, ya no aguanto más.

-Bueno, me supongo que vas a correr a los brazos de la prostituta de Marcela, ¿no?

- ¡Respeta, Joana! - grita Gilbert -No tienes derecho a decirle así. Tú no sabes quién es ella y no puedes juzgarla porque no la conoces. Y si ella es eso, la prefiero mil veces que a ti porque al menos me ama, me llena de amor. Estos días en que no estuve, me fui con ella y supe lo que es una mujer que me atienda y se preocupa por mí. Esa es la vida que quiero de ahora en adelante. Me cansé de tu indiferencia y de tu mal carácter.

Joana lo abraza, llora y le ruega que no se vaya.

- Gilbert no te puedes ir, tengo que darte una muy mala noticia.

- ¿Qué vas a inventar ahora?

- Tengo cáncer, Gilbert.

- No te creo. Cómo eres capaz de inventar algo así sólo para que no me vaya.

- No te miento, es verdad.

- Pues lo comprobaré cuando tengas que hacerte las quimioterapias.

Gilbert termina de recoger sus cosas y llama por teléfono a sus hijos para avisarles que se va de la casa y que por un tiempo se mudará a su apartamento de soltero. Al llegar a allá llama a Marcela y le da la buena noticia de que se fue de su casa para comenzar los trámites de su separación legal y así poder regresar con ella sin ningún obstáculo para que puedan ser felices.

Pero esto no es como Marcela y Gilbert lo piensan o lo sueñan porque Joana hace lo imposible. Por las buenas primero y por las malas después, para que el encuentro de Marcela y Gilbert se atrase. Y así pasa un año entero hasta que Gilbert decide dejar todo lo legal sin concluir para volver con Marcela.

Durante ese tiempo ellos intercambian e-mails, cartas y hacen todo lo necesario para mantenerse unidos y cerca, a pesar de la distancia, hasta que Gilbert regresa a Buenos Aires y se queda definitivamente viviendo con Marcela.

CAPÍTULO 21
CONOCIENDO A LOS HIJOS DE DIEGO

Por su parte, Barbarita continúa su romance con Diego. Él la lleva a conocer a sus hijos y al ver a su hija mayor, Sandra, se desmaya de la impresión al darse cuenta de que es idéntica a Isabelita.

- ¡Mi amor! Mi amor, ¿qué te pasa? - pregunta Diego muy nervioso - Por favor Octavio, busca alcohol y tú Sandra, trae agua con azúcar.

Cuando regresan los hijos, Diego le coloca el algodón con alcohol en la nariz y Barbarita despierta.

- Toma agua, mi vida. ¿Qué te pasó?

- Nada, creo que como estoy exagerando con la dieta. Con la emoción de conocer a tus hijos y el no haber almorzado me afectó.

- ¿Y para qué haces dieta si estás tan bien? Quisiera yo verme así con tu edad- comenta Sandra.

Barbarita se sonríe y no puede creer que la hija de Diego sea tan parecida a la suya.

- Gracias, Sandra y mucho gusto a los tres, disculpen el desmayo.

- No te preocupes, Barbarita- agrega Nelson, el hijo menor de Diego - Eres bienvenida a esta casa, pero vamos a comer antes de que te vuelvas a desmayar.

Todos se ríen y Diego abraza a Barbarita para acompañarla a la mesa.

- Barbarita de mi vida, de ahora en adelante este será tu puesto cada vez que vengas, a mi derecha, como la dueña de esta casa.

- Gracias, mi amor- dice Barbarita.

Al terminar de almorzar, los hijos de Diego se van a hacer sus actividades del fin de semana y Barbarita se queda sola con él a pasar esos dos días, ya que sus hijos están con Ángel.

En un momento en que Diego va al baño, Barbarita llama a Marcela.

- Amiga, no te imaginas lo que me ha pasado aquí.

- ¿Qué pasó Barbarita? ¿Te trataron mal los hijos de Diego?

-No, no… es que su hija es idéntica a Isabelita.

- ¿Y ahora qué vas a hacer?

- Pues enfrentar esto y nada más. Que pase lo que pase, pero esta relación entre Diego y yo no tiene marcha atrás así que hablaré con él enseguida.

- Te deseo suerte entonces. Espero que Dios los ilumine para que esa conversación sea llevada de la mejor manera y que todo salga como tú deseas.

- Eso espero, amiga.

Diego entra a su habitación y ve que Barbarita está llorando.

- ¿Otra vez te sientes mal, mi amor?

-No, Dieguito. No. Es que necesito hablar algo muy importante contigo.

- Esta bien. Hablemos.

- Pero antes quiero pedirte que me escuches sin interrumpirme y que trates de entenderme, por favor.

- Me preocupas, Barbarita. Por favor no me digas que vas a terminar conmigo porque eso no lo voy a aceptar.

- No, mi amor. Todo lo contario, esto es por el bien de todos... lo que quiero decirte es que cuando tú y yo estuvimos juntos por primera vez yo no estaba tomando pastillas anticonceptivas, como te dije cuando nos encontramos después de varios meses y yo estaba embarazada.

Diego arruga el entrecejo. - Un momento, voy a repetirte lo que me estás diciendo porque creo que no entendí bien. ¿Tú no estabas tomando pastillas cuando hicimos el amor por primera vez hacen como catorce años?

-Exactamente, pero déjame seguir hablando. Como te comenté en alguna oportunidad, mi ex esposo y yo a veces pasábamos hasta tres meses sin hacer nada y justamente tú apareciste en uno de esos meses.

Diego comienza a caminar de un lado a otro como león enjaulado y le dice a Barbarita –Continúa. Continúa, por favor.

- Como te dije, yo no me estaba cuidando y tú tampoco lo hiciste. Al cabo de un mes no me vino la menstruación y supe que estaba embarazada.

- Barbarita, no puede ser. Barbarita, ¿tú me estás queriendo decir que tienes un hijo mío?

- Una hija, Diego.

Diego no puede creer lo que Barbarita le está diciendo y no sabe ni que decir. Se pone las manos en la cabeza, sigue caminando de un lado a otro hasta que finalmente habla:

- Yo te lo pregunté y me lo negaste Barbarita. Yo lo sabía y tú me lo negaste. ¿Por qué, Barbarita? ¿Por qué?

- Por eso te dije que no me interrumpieras y que me entendieras. ¿Cómo crees tú que al marido "perfecto" se le puede decir que el hijo es de otro hombre? Tú no te imaginas todo lo que yo he sufrido en estos años y más aún cuando mi hija nació y su papá, que no es su papá, dijo que ella era la hija más linda que había tenido y que cerró con broche de oro. Luego cuando supe que él era homosexual, ahí si se me quitó esa culpa tan grande de haberle sido infiel.

- ¿Cómo le hiciste creer que era su hija si ustedes pasaban tanto tiempo sin tener relaciones?

- Al darme cuenta de que estaba embarazada hablé con él y le dije que no entendía cómo podía pasar tanto tiempo y no tener ganas de hacer nada, le serví un whisky y cuando estaba casi borracho se éxito un poco y tuvimos relaciones.

- ¿Y el médico que te atendió no se dio cuenta de nada?

- No, porque yo en todo momento me mantuve muy firme con respecto a la fecha en la que "supuestamente" quedé embarazada y al final cuando supe que ya iba a dar a luz, llamé al doctor y le dije que me sentía muy mal y que por favor me hiciera la cesárea.

Él siempre pensó que la bebé era muy grande y que estaba madura para nacer, pero yo justifiqué eso diciendo en todo momento que su papá es muy alto y por eso ella era así.

- Pero Barbarita, tenías que habérmelo dicho. ¿Es que acaso tú no sabes lo que significa un hijo, especialmente uno tuyo y mío?

- No es que no lo sepa, Diego. Pero dime si había algo que hacer cuando tú y yo éramos unos desconocidos y mi marido era el esposo y padre perfecto.

- No sé, Barbarita. No sé y ahora dime tú qué vamos a hacer.

- Nada, Diego. Imagínate lo que tú sientes y si eres capaz de hacerle un daño a tu hija y decirle después de 14 años que tú eres su papá.

- ¡Pero soy, Barbarita! y tengo derechos como padre.

-No, Diego. Tú engendraste, pero no criaste. Su papá es Ángel y eso no va a cambiar nunca, tienes que entenderlo. Piensa que nosotros vamos a casarnos y que tú vas a vivir bajo el mismo techo de tu hija y la vas a disfrutar. Para qué entonces decirle nada y hacerla sufrir, eso no lo voy a permitir.

Diego se queda callado y pensativo, camina por su cuarto, llora, se sirve un vaso de agua y luego le dice a Barbarita.

- Tienes razón, mi amor. No te niego que es muy duro pensar que ella jamás se va a enterar de que yo soy su verdadero padre, pero uno por los hijos tiene que hacer los mil y un sacrificios y si ya los he hecho por los que he criado, no veo por qué no lo voy a hacer por nuestra hija... nuestra hija, Barbarita, Nuestra hija. Aun no puedo ni creerlo.

Diego abraza a Barbarita y los dos lloran, pero esta vez de felicidad.

- Gracias por entender, mi amor- dice Barbarita -Yo sabía que tú sí eras el hombre especial que he tenido a mi lado por dos años ya, esperando la oportunidad de conocer a mis hijos y viviendo un noviazgo secreto. No te preocupes por nada, mi amor. Todo va a salir bien. Yo voy a hablar con ellos mañana y seguramente te van a recibir en nuestra casa como me recibieron tus hijos aquí.

Así cuando el domingo Barbarita llega a su casa y sus hijos también, ella conversa acerca de su noviazgo secreto y ellos se ríen y se burlan de ella porque todos estaban claros de que tenía a alguien.

-Sólo tú puedes pensar que el amor se puede ocultar, mamá- le comenta su hijo mayor - Tú crees que no nos dábamos cuenta de las horas que te pasabas en el teléfono y la cara de tonta que ponías.

- ¿Y cuándo nos vas a presentar al novio más escondido del siglo? - pregunta Isabelita.

-Cuando ustedes quieran, hijos. Por él sería ahorita mismo.

Y en menos de quince minutos, Diego toca el timbre de la casa de Barbarita, quien sale corriendo a recibirlo.

- ¿Cómo me voy a dar cuenta de quién es Isabelita? - pregunta Diego en tono de murmullo.

- No tengo necesidad de decírtelo, te darás cuenta enseguida.

Y así fue. Cuando Diego entra y ve a Isabelita, parecía que era Sandra con cinco años menos.

- Bueno, niños. Él es Diego, el novio más escondido del siglo.

-Jajajajaja- todos se ríen y saludan a Diego con cariño y alegría, sobre todo Isabelita, quien lo ve más guapo que a su propio papá, Ángel.

-Que buen gusto mamá, de verdad que Diego es todo un galán- comenta Isabelita.

Diego siente que el corazón se le arruga y se le hace un nudo en la garganta.

- ¿Y entonces Isabelita, tú no respetas a Diego? mira que él es un poco tímido.

-Gracias, Isabelita. Te agradezco el cumplido– dice Diego.

Así entre chistes y anécdotas de cómo los hijos se dieron cuenta de que su mamá tenía un novio "escondido" pasaron toda una noche muy alegre y divertida, hasta Barbarita los mandó a dormir con la excusa de que tendrían clases al día siguiente. Cuando se quedaron solos, Diego le dice a Barbarita:

-Ya entiendo por qué te desmayaste. ¡Qué dieta ni que nada! Sandra y e Isabelita parecen gemelas. No sé cómo no me desmayé yo también.

-Te lo dije, mi amor. Ahora no sé cómo vamos a justificar el parecido de esas dos niñas.

-No hay que justificar nada, Barbarita. Dejemos las cosas como están.

CAPÍTULO 22
DOS BODAS

Después de que el noviazgo más escondido del año se descubre y de que Gilbert obtiene su divorcio, Barbarita con Diego, y Marcela con Gilbert, sellan sus vidas en una linda boda donde los hijos de ambas parejas hacen un gran cortejo para acompañar a sus padres a casarse por segunda vez.

En esa linda boda que se lleva a cabo bajo el cielo estrellado a las orillas de una de las playas de Mar del Plata, Marcela hace sus votos con un discurso diferente al que repiten todos a la hora de casarse.

-No sé qué va a pasar con nosotros después de tantas cosas que hemos vivido y de las historias que mis amigas me han contado y ellas mismas han experimentado, pero lo que te puedo decir es que desde que por primera vez te encontré en el chat, me sentí tan cómoda y segura contigo que siempre he pensado que si existe la reencarnación. Tú y yo tuvimos que haber sido pareja en la otra vida. A medida que fuimos hablando y nos conocimos a través de lo que nos decíamos, yo no tuve dudas de que tarde o temprano éste tenía que ser el final para los dos.

Te pido disculpas por el tiempo que perdimos al yo "escapar" de ti después de que nos conocimos en Miami, pero creo que todo tiene su momento y su tiempo exacto para que suceda y eso es lo que estamos viviendo ahorita.

-No tienes que pedir disculpas- responde Gilbert -porque yo fui el más culpable al decirte que debíamos conocernos y separarnos, aunque pagué por eso porque cuando te alejaste de mí. Más nunca pude ser el hombre feliz que fui durante los 2 días que pasamos juntos y los 6 meses en el chat. Fue un tormento y una agonía no estar contigo.

-Y eternamente estaremos juntos- dice Barbarita -porque después de haber sufrido tanto estando separados, lo único que nos queda es cuidarnos mutuamente y a nuestro matrimonio para que no se acabe jamás. Creo que después de haber estado con otras personas por tanto tiempo, ya sabemos lo que nos gusta y nos disgusta y mantener una comunicación sincera y abierta es la base, aparte del amor, para poder tener un matrimonio eterno. Eso se llama regar la flor.

Y así con un beso, Marcela y Gilbert permanecen juntos y felices hasta que Dios dispone de ellos y juntos los lleva al cielo.

¡Gracias por leer!

Espero tenerte muy pronto en mi comunidad de lectores y escritores:

facebook.com/CarlaDArconovelasypoemas

instagram.com/carladarco/

twitter.com/carla_escritora

Acá puedes comprar mis libros, o leerlos gratuitamente con tu suscripción de : kindle**unlimited**

bit.ly/CarlaDarcoNovelas

¡Hablemos por correo!: darco.carla@gmail.com

www.ingramcontent.com/pod-product-compliance
Lightning Source LLC
LaVergne TN
LVHW051633080426
835511LV00016B/2319